KB263550

성서 이해와 적용

민수기 큐티 II

성서 이해와 적용

민수기 큐티 II

저자 이미자

서 문

    본서는 출애굽한 이스라엘 백성이 가나안 땅으로 들어가기까지 광야 40년의 여정을 다루고 있습니다. 특히 이스라엘 백성이 광야에서 하나님으로부터 율법, 즉 계명(도덕법), 율례(종교법), 법도(사회법)를 받았는데, 여기에는 신앙생활의 방향과 영적인 여러 의도가 있고, 또 여기에는 죄지은 자가 피할 수 없는 징벌에서, 불신앙에 대한 경고를 발견할 수 있습니다.

    더욱이 민수기에서 나타난 긍정과 부정의 모든 사건은 주 하나님을 믿는 성도들의 삶에서 만날 수 있는 사례로 교훈과 경각심을 불러일으킬 수 있습니다.

    그래서 필자인 저의 바람은 '본서의 큐티가 독자들의 신앙생활을 위한 이정표가 되었으면……' 하고 소망합니다.

끝으로 본서 큐티를 집필하도록 영성과 건강과 은혜를 베풀어 주신 하나님께 감사와 찬양과 영광을 돌립니다. 또 본서 큐티가 출간되기까지 기도와 재정으로 후원해 주신 여러 성도와 '보명C&I' 대표님께 깊은 감사를 드립니다.

이니자 목사

차 례

민수기

시내 산에서부터 가나안 건너편 모압 평지까지 이스라엘 백성의 긴 광야 여정을 기록한 책이다. 이 여정 동안 이스라엘 민족은 온갖 시험과 고난을 당하면서 자신들의 한계를 드러냈고, 지도자 아론과 미리암, 심지어 모세까지도 실수함으로써 징계를 받게 된다. 결국 하나님만 완전하시고, 그분을 의지하는 것만이 살길임을 밝혔다.

▌본서의 제목(명칭)과 유래

본서는 여러 가지 이름 중에서 '베미드바르'라는 제목을 사용했다. 이 제목은 본서의 첫 행에서 따온 것으로 책의 내용을 시사하는 '광야에서'라는 뜻을 지니고 있다. 특히 '민수기'란 구약의 헬라어 역본인 70인 역의 명칭 '숫자들'('아리트모이')이란 뜻에서 유래했다.

▌저자

본서의 저자는 오경을 기록한 모세이다.

▌기록 연대

B.C. 1440-1400년경으로, 출애굽 제2년(시내 산) ~ 출애굽 제40년(모압평지)까지다.

▮ 기록 목적

출애굽한 이스라엘 자손의 목적지는 약속의 가나안 땅이었다. 하지만 백성이 불순종하여 출애굽 제2년에 들어갈 수 있었던 가나안 땅에 들어갈 수 없게 되었고, 신앙이 단련되기까지, 출애굽 제40년까지 지연되었다. 따라서 본서는 가나안 땅, 즉 천국을 소망하는 자마다 불평과 불신앙의 낡은 옷을 벗어버리고 믿음과 순종으로써 재무장해야 한다는 동기를 주고자 했다.

▮ 본서의 특징

출애굽 이후 이스라엘 자손의 광야 여정에 대한 기록이 시내 산에서 율법을 받음으로 인해 중단되었지만(출 19장), 본서에서 다시 시작된다. 즉 시내 산과 모압 평지에서 두 차례 인구조사를 기록함으로 이스라엘이라는 나라의 실질적인 태동을 밝히고, 또 그들의 규모가 어느 정도였는지를 확인시키고 있다.

한편 본서는 40년 동안의 긴 방황이 이스라엘 자손들의 죄악 때문임을 지적하고 있다. 그렇지만 백성의 긴 방황에는 죄에 대한 징계뿐만 아니라 하나님의 은혜가 면면히 흐르고 있다. 그리하여 이스라엘이 광야 40년 동안 온갖 시련이 있었음에도 신정국가로서 군사적, 사법, 행정적, 종교적으로 체계화됨으로써 명실공히 하나의 독립된 국가로 탄생하고 있음을 보여준다.

8장
레위인의 정결 예식

　전장에서는 성막 봉헌식이 있었다. 전장에 이어 본장에서는 성막 내부를 밝힐 등대 제도, 그리고 제사장을 도와 성막에서 일할 레위인의 위임식 및 그들의 정년에 대하여 소개한다.

　한편 하나님께서는 레위인을 특별히 취급하셨다. 이는 하나님께서 그들에게 이스라엘의 처음 난 자를 대신하는 역할을 맡기셨고(3:40-51), 또 그들에게만 당신의 거처, 즉 성막(회막)을 관리할 수 있는 권한을 맡기셨기 때문이다. 여기에 레위인은 하나님께서 성별한 자들로서 항상 정결함과 거룩함을 유지하며 규례를 따라 주의 집에서 주를 섬기는 사명을 감당하였다.

"여호와께서 또 모세에게 말씀하여 이르시되 아론에게 말하여 이르라 등불을 켤 때에는 일곱 등잔을 등잔대 앞으로 비추게 할지니라 하시매 아론이 그리하여 등불을 등잔대 앞으로 비추도록 켰으니 여호와께서 모세에게 명령하심과 같았더라"

———————————————————————— 민 8:1-3

1–3절   성령께서 성도들 사이에서 하시는 일

'7'이란 숫자는 성경 문학에서 완전 또는 성취를 의미한다(창 2:2; 출 20:10; 행 6:3). 그런데 등대는 가운데 한 가지를 중심으로 양편에 각각 세 개의 가지가 있어 전체는 일곱 가지로 되어 있다.

한편 일곱 가지 등대는 성령의 완전한 역사를 상징한다(계 4:5). 그런데 성도들에 대한 성령의 역사가 있어야만 성도들의 신앙생활이 가능하다. 그렇다면 성령께서 성도들 사이에서 하시는 일은 무엇일까?

> 거듭나게 하시고(요 3:3-5), 성도 안에 거하시고(롬 8:11; 고전 3:16), 기름을 부으신다(요일 2:20, 27). 진리 가운데로 인도하시고(요 16:13), 거룩하게 하시고(롬 15:16; 살후 2:13), 위로하신다(요 14:16-19). 기쁨을 주시고(롬 14:17), 열매를 맺게 하시고(갈 5:22-23), 성도를 하나 되게 하신다(고전 12:13). 은사를 주시고(고전 12:3-11), 인치시고(고후 1:22), 통찰력을 주신다(고전 2:10-16; 요일 4:1-6). 말할 수 없는 탄식으로 빌 바를 알지 못하는 성도를 위하여 간구하시고(롬 8:26-27), 아버지께 나아가게 하시고(엡 2:18), 자유하게 하신다(고후 3:17). 하나님의 사랑을 마음에 부어 주시고(롬 5:5; 골 1:4, 8), 교제하게 하시고(빌 2:1), 율례를 지켜 행하게 하신다(겔 36:27). 은혜로 주신 것을 알게 하시고(고전 2:10-13), 유익되게 하시고(고전 12:7), 소망을 갖게 하신다(롬 15:13). 죄와 사망의 법에서 성도를 해방시키시고(롬 8:1-2), 성도의 움직임을 지도하시고(행 10:19-20), 그리스도인 지도자 선택을 인도하신다(행 13:2). 전도할 장소를 인도하시고(행 16:6), 자원하

는 심령을 주시고(시 51:12), 정한 마음을 창조하시고, 정직한 영을 새롭게 하신다(시 51:10). 회개의 영을 부어주시고(딤후 2:25), 기도의 영을 부어주신다(슥 12:10). 특히 이 세상을 두루마리 삼아도 성령께서 성도들 사이에서 하시는 일은 다 기록하기에 부족하고(요 21:25), 지금도 주의 성령께서는 성도들을 위해서 끊임없이 일하신다.

따라서 우리는 도와주시기 위해서 우리 곁에 와 계신 주의 성령을 기억하고 주와 교통이 있는 생활이 되게 해야 한다.

"여호와께서 또 모세에게 말씀하여 이르시되 아론에게 말하여 이르라 등불을 켤 때에는 일곱 등잔을 등잔대 앞으로 비추게 할지니라 하시매 아론이 그리하여 등불을 등잔대 앞으로 비추도록 켰으니 여호와께서 모세에게 명령하심과 같았더라"

———————————————————————————— 민 8:1-3

1-3절　성소와 지성소 안에 가득한 어둠과 성소를 비추는 등대

성소에는 떡상과 등대와 향단이 있다. 그리고 지성소에는 법궤가 있다. 제사장은 성소에 날마다 출입하며 아침저녁으로 향을 피우며 제사하였고, 떡상 위에 떡은 한 주간에 한 번씩 새로 빚은 떡으로 올려야 했다. 그런데 제사장들은 창문이 없어 빛이 차단된 성소와 지성소에서 오직 등대에 비추는 불빛에 의존해서 제사의 사역을 감당했다. 그렇다면 성소와 지성소 안에 가득한 어둠은 무엇을 뜻하며 오직 등대만이 성소를 비추게 한 것은 무엇을 의미할까?

성소와 지성소 안의 어둠은 죄로 어두워진 세상과 또 영적으로 어두워진 성도에 대한 암시이다. 특히 성소 머리 쪽에 위치한 향단은 제사장들이 아침저녁으로 향을 피우며 기도하는 곳이다. 또 떡상 위에 떡은 생명의 떡이 되신 주의 말씀을 뜻한다. 그런데 오직 등대에서 발산되는 빛에 의해 향단과 성소의 떡상이 드러났다. 제사장이 아침저녁으로 향을 피우는 것도, 말씀의 상징인 떡 상 위에 떡이 드러나게 하는 것도 오직 등대에서 발산된 빛의 의해서 가능한 것이다. 이같이 성령께서만 지속적으로 기도할 수 있게 하시고, 말씀의 의도를 깨닫게 하시는 능력이 되신다.

따라서 우리는 항상 성령 충만한 신앙을 유지할 수 있어야 할 것이다.

"아론에게 말하여 이르라 등불을 켤 때에는 일곱 등잔을 등잔대 앞으로 비추게 할지니라 하시매 아론이 그리하여 등불을 등잔대 앞으로 비추도록 켰으니 여호와께서 모세에게 명령하심과 같았더라"

———————————————————————————— 민 8:2-3

2-3절 | 등대의 불이 꺼지지 않도록 관리하는 제사장과 성도의 의무

대제사장과 제사장의 사역을 감당했던 아론과 그의 아들들은 매일 저녁부터 아침까지 성소에 출입하며 등대에 불이 꺼지지 아니하도록 관리하였다(출 27:21). 그리하여 등불 맞은 편에 위치한 떡상 위에 떡과 지성소에서 가장 가까이 위치한 향단이 밝히 드러났다.

한편 등대의 불은 성령의 상징이다. 그런데 성령의 상징인 등대의 불이 꺼지지 않도록 관리하는 것은 제사장, 즉 오늘날 교역자들의 의무일 뿐 아니라 성도의 의무이기도 하다. 그렇다면 등대의 불이 꺼지지 않도록 관리하는 교역자들의 의무와 성도의 의무에서의 큐티는?

제사장이었던 아론과 그 아들들의 의무는 밤낮으로 기름을 공급하여 등대 위의 등불이 성소를 비추도록 관리를 하였다. 그런데 제사장이 성령의 상징인 기름이 공급되어 비추는 등대를 관리했다는 점에서 제사장뿐 아니라 오늘날 교역자들은 그 누구보다 성령 충만해야 한다. 그리고 제사장은 등대의 빛으로 인해 떡상 위의 떡이 드러나고, 향단이 드러났듯이, 말씀으로 성도들을 깨우치고, 성령 안에서 기도하도록 목양을 해야 한다. 더욱이 성도는 성령의 역사로 말미암아 중생하고, 성령이 함께하시는 은혜로 말미암아 왕 같은 제사장이 되었다(벧전 2:9).

한편 구약시대는 특별한 자, 즉 왕이요, 선지자요, 제사장들에게만 성령의 성징인 기름부음이 있었다. 하지만 신약시대에는 그리스도의 도래와 함께 회개하고 성령을 구하는 자들에게 주의 영을 충만하게 부어주셨다.

따라서 영적인 위상이 높아진 성도들은 주에 대한 더 큰 사랑과 헌신으로 주께 영광을 돌려야 할 것이다.

"아론에게 말하여 이르라 등불을 켤 때에는 일곱 등잔을 등잔대 앞
으로 비추게 할지니라 하시매 아론이 그리하여 등불을 등잔대 앞
으로 비추도록 켰으니 여호와께서 모세에게 명령하심과 같았더라"

민 8:2-3

2-3절 성령과 맞물린 성도의 온전한 신앙

성령의 사역의 상징인 성소 안에 비치된 등대의 불빛은 잠시도 꺼
지지 않도록 관리하여 비치게 하였다. 특히 등대에서 발산되는 불빛
은 성소를 비추고, 또 말씀의 상징인 떡상과 기도의 상징인 향단을 향
하여 비추었다. 그렇다면 성령의 사역으로 말미암은 성도의 온전한 신
앙은 무엇으로 연결될 수 있을까?

기름이 등대의 불빛이 발산될 수 있도록 에너지가 되었다. 그
래서 등대의 기름이 성령을 상징한다면 등대의 불빛은 성령의
사역이다. 그런데 등대의 불빛이 떡상과 향단을 비춘다는 것은
말씀이 말씀 되게 하는 것과 기도의 유지와 능력이 성령의 사역
으로 가능하다는 것의 암시다. 그래서 성령의 사역으로 말미암
은 온전한 신앙을 말씀과 기도 생활로 연결되어 있다.

따라서 말씀과 기도 가운데서 온전한 신앙을 이루고자 하는
성도마다 항상 성령 충만함의 은혜가 있어야 할 것이다.

"이 등잔대의 제작법은 이러하니 곧 금을 쳐서 만든 것인데 밑판에
서 그 꽃까지 쳐서 만든 것이라 모세가 여호와께서 자기에게 보이
신 양식을 따라 이 등잔대를 만들었더라"

———————————————————————————————— 민 8:4

4절 본문에 나타난 주의 사역에 대한 계시

등대의 제작은 하나님께서 모세에게 계시하신 대로 이루어졌다(출
25:31-40; 37:17-21). 그런데 등대에서 발산되는 불빛이 주의 영이신
성령의 사역을 예표한다는 점에서 주에 대한 예표가 등대의 제작에서
발견된다. 즉 계시에 의해서 등대가 만들어진 것과 또 금의 재료를
사용한 등대를 쳐서 제작한 것에서 그리스도가 투영되어 있다. 그렇다
면 본문에서 그리스도에 대하여 투영된 두 가지 사항에서 무엇을 큐티
할 수 있는가?

성령은 하나님의 영이시고, 또 그리스도의 영이시다. 이 때문
에 등대의 제작이 하나님께서 계시하신 대로 제작되었다는 것은
하나님의 뜻대로 이 세상에 오신 그리스도에 대한 투영이고, 또
등대를 쳐서 만들었다는 것은 인류의 대속을 위해서 십자가에서
고난당하신 그리스도에 대한 투영이다.

한편 빛이신 그리스도의 사역은 인류의 대속을 이루시고 승천
하신 이후에도 멈추지 아니하였다. 그리스도의 영이신 성령의
도래와 함께 지금까지 지속되고, 또 역사의 끝날까지 지속될 것
이다.

따라서 우리는 성령의 사역이 그리스도의 사역의 연장이 됨을

인지하고, 성령을 의지하여 우리에 대한 주의 뜻을 이루어야 할 것이다.

"여호와께서 모세에게 말씀하여 이르시되 이스라엘 자손 중에서 레위인을 데려다가 정결하게 하라"

— 민 8:5-6

5-6절 레위인의 표본과 큐티

하나님께서는 모세에게 이스라엘 자손 중에서 레위인을 데려다가 정결의식을 행하도록 명령하셨다. 여기에서의 레위인은 제사장의 임무를 맡은 레위인이 아닌, 성막에서 여러 임무를 분배받은 레위인을 가리킨다. 즉 오늘날 교역자 외에 교회에서 여러 임무를 맡은 성도들을 가리킨다.

그런데 본문 6절 하반절에서 하나님께서는 이들을 "정결하게 하고"라고 하셨다. 여기에서 정결하게 하는 것은 임무에 들어가기 전에 거룩하게 하는 것으로, 제사장을 거룩하게 할 때 쓰는 히브리어 '카데쉬'란 단어(출 29:1)가 아닌 정결케 한다는 뜻의 '타헬'이란 히브리어다. 그런데 이들의 경우, 물로 정결하게 씻는 어떤 의식이 있는 것도 아니며, 거룩한 옷을 입는 것도 아니며, 거룩한 기름으로 붓지도 아니하고, 희생 제물을 뿌리는 것도 아니다. 그렇지만 제사장이 그리스도의 표본인 것처럼 성막의 임무를 맡은 레위인 또한 본장 9-10절 말씀과 관련하여 어떤 표본이다. 그렇다면 본문에서 레위인의 표본과 큐티는?

　　제사장이 그리스도의 표본이라면 레위인은 회중의 표본이다. 그래서 레위인의 위임식에서 회중은 그들의 상징으로써 그들의 표본인 레위인에게 안수한 것이다. 이는 레위인이 회중의 표본으로서 바람직한 신앙생활의 본이 되어야 함을 시사한 것이다.

　　특히 교역자가 그리스도의 표본인 반면, 레위인은 회중의 표본이란 점에서 교회에서 교역자들이 맡은 것 외 여러 직임을 맡은 성도들은 아직 주의 일에 하나 되지 아니한 성도들에게 먼저 된 자로서 신앙의 긍정적인 동기를 줄 수 있어야 할 것이다.

"이스라엘 자손 중에서 레위인을 데려다가 정결하게 하라 너는 이같이 하여 그들을 정결하게 하되 곧 속죄의 물을 그들에게 뿌리고 그들에게 그들의 전신을 삭도로 밀게 하고 그 의복을 빨게 하여 몸을 정결하게 하고 또 그들에게 수송아지 한 마리를 번제물로, 기름 섞은 고운 가루를 그 소제물로 가져오게 하고 그 외에 너는 또 수송아지 한 마리를 속죄제물로 가져오고 레위인을 회막 앞에 나오게 하고 이스라엘 자손의 온 회중을 모으고 레위인을 여호와 앞에 나오게 하고 이스라엘 자손이 그들에게 안수하게 한 후에 아론이 이스라엘 자손을 위하여 레위인을 흔들어 바치는 제물로 여호와 앞에 드릴지니 이는 그들에게 여호와께 봉사하게 하기 위함이라 레위인으로 수송아지들의 머리에 안수하게 하고 네가 그 하나는 속죄제물로, 하나는 번제물로 여호와께 드려 레위인을 속죄하고 레위인을 아론과 그의 아들들 앞에 세워 여호와께 요제로 드릴지니라"

—— 민 8:6-13

6-13절　레위인이 맡은 봉사의 전제와 동기

하나님께서는 모세에게 레위인을 정결케 하는 예식 절차를 말씀해 주셨다. 7절에서 레위인에게 물을 뿌리고 그들의 몸을 털을 밀게 하셨다. 그 후에 8절과 12절에서는 레위인에게 번제물, 소제물, 속죄 제물을 바치도록 하셨다. 또 10절에서는 백성의 대표가 레위인에게 안수하게 했다. 11-13절에서는 정결 예식의 끝으로 아론이 레위인을 여호와께 드렸다. 특히 본문 7절 상반절에서 "너는 이 같이 하여 그들을 정결하게 하되 곧 속죄의 물을 그들에게 뿌리고"라고 하였다. 여기에서 '속죄의 물'이란 '죄악의 물' 죄를 더하는 물이 아니라 '죄를 씻어내는 물', '부정을 깨끗하게 하는 물', '정결하게 하는 물'을 가리킨다.

한편 속죄의 물은 붉은 암송아지를 태운 재로 만든 것(민 19:2-9)으로, 예수께서 흘리신 대속의 피를 예표한다(히 9:10).

그런데 본문 7절에서는 레위인이 맡은 봉사의 전제와 동기에 대해 말하였다. 그렇다면 레위인이 맡은 봉사의 전제와 동기는 어떤 것일까?

봉사의 전제는 성결이다. 또 봉사의 동기는 인류의 구원을 위한 그리스도의 대속의 복음이다. 그런데 성도들의 사명 감당이 본문에서 레위인의 섬김의 사역이다.

따라서 여러 직분을 맡아 사명을 감당하고자 하는 성도마다 그 무엇보다 먼저 성결하게 하고, 그리스도의 대속의 은혜가 사명 감당의 동기가 되어야 할 것이다.

"너는 이같이 하여 그들을 정결하게 하되 곧 속죄의 물을 그들에게 뿌리고 그들에게 그들의 전신을 삭도로 밀게 하고 그 의복을 빨게 하여 몸을 정결하게 하고"

민 8:7

7절　전신의 털을 삭도로 제거하는 것의 의미

나병 환자가 치료받았을 때 옷을 빨고 모든 털을 밀고 물로 몸을 씻었다(레 14:8). 그런데 본문에서는 레위인의 정결 예식에서 나병 환자가 치료받았을 때 행한 예식을 행하도록 하였다. 특히 본문 7절 중에는 전인적인 부패를 상징하는 전신에 대하여 언급하며, "그들의 전신을 삭도로 밀고"라고 하였다. 이는 레위인이 사명 감당을 위해 필요한 것들이었다. 그렇다면 레위인의 정결 예식에서 삭도로 전신의 털을 제거하는 것은 무엇을 의미하는 것일까?

전신의 털을 제거하는 예식은 전인적인 성막의 임무를 맡은 레위인의 죄를 완전히 제거한다는 상징적인 의미가 있다. 이는 레위인이 특별한 임무를 맡았음에도 인간인 까닭에 결코 의를 주장할 수 없는 그들의 전인적인 부패, 즉 그들의 죄 때문에 주께서 깨끗하게 하시고, 능력으로 함께하실 때만 사명을 감당할 수 있다는 뜻이다. 그들의 이름이 아니라 주 예수 이름에 의존할 때에만 사명을 감당할 수 있다는 뜻이다. 이리하여 삭도로 전신의 털을 제거하는 것은 흠이 없으신 그리스도의 이름에 의존한 사역의 상징을 나타낸 것이다.

그런데 주의 대속을 받은 성도는 영적인 레위인이다.

> 따라서 사명을 맡은 성도마다 스스로 전인적인 죄에 대하여 자유로울 수 없음을 자각하고, 주의 성령을 의지하여 회개의 열매를 맺고 주의 뜻을 성취해야 할 것이다.

"너는 이같이 하여 그들을 정결하게 하되 곧 속죄의 물을 그들에게 뿌리고 그들에게 그들의 전신을 삭도로 밀게 하고 그 의복을 빨게 하여 몸을 정결하게 하고"

민 8:7

7절　의복을 빨게 한 것의 상징과 적용

모세를 불러 택한 백성 이스라엘을 구원하시고 시내 산으로 부르신 하나님은 이제 당신의 백성을 향해 율례와 법도를 베풀기에 앞서 몸과 마음을 성결하게 할 것을 지시하시고, 그들의 옷을 빨게 하셨다(출 19:10). 이는 하나님의 은혜로 말미암은 그들의 위상과 관련이 있다. 그런데 본문 7절 하반절에서 "그 의복을 빨게 하여 몸을 정결하게 하고"라고 하였다. 여기에서 의복은 신분을 나타낸다. 그렇다면 의복을 빨게 한 것은 무엇에 대한 상징과 적용일까?

의복이 신분을 나타냈듯이 레위인에게 의복을 빨게 한 예식은 그들의 영적인 위상이 변화된 것의 상징이다. 즉 구원받은 성도의 영적인 위상의 상징이다(요 1:21).

따라서 레위인, 즉 주께 예배하며 섬기는 성도마다 지난날에 그릇된 행동 양식을 청산하고, 진리 가운데 신앙의 성취와 맡은 바 사명을 감당해야 할 것이다.

"또 그들에게 수송아지 한 마리를 번제물로, 기름 섞은 고운 가루를 그 소제물로 가져오게 하고 그 외에 너는 또 수송아지 한 마리를 속죄제물로 가져오고"

—— 민 8:8

8절 　레위인과 오늘날의 성도들에게 동일하게 적용되는 진리

본문에서 레위인의 성별 예식에서는 제물을 드리도록 하였다. 즉 번제물, 기름 섞은 고운 가루 소제물, 속죄 제물을 드리도록 하였다. 그런데 번제는 인류에 대한 하나님의 전적인 사랑을 나타낸 것으로, 하나님께 대한 그리스도의 전적인 헌신과 봉헌을 뜻하였다. 소제는 하나님께 자신의 충성과 감사의 마음을 표시하기 위한 자기 부인의 복음을 뜻하였다. 속죄제는 하나님과 인간의 관계를 원수 되게 하는 죄의 문제를 해결하기 위한 대속을 뜻하였다.

그런데 레위인의 성별 예식만이 아닌 구약시대에 모든 제사에서는 속죄의 예표인 피 흘림이 있었고(히 9:22), 더욱이 제단에서는 피 흘림의 제사가 끊이지 않았다. 여기에는 본문에서의 레위인과 오늘날 성도들에게 동일하게 적용되는 진리가 내포되어 있다. 그렇다면 피 흘림의 제사에서 본문의 레위인과 오늘날 성도들에게 동일하게 적용되는 진리는 무엇일까?

> 히브리서 9:22 하반절에서 "피 흘림이 없은즉 사함이 없느니라"라고 하였다. 여기에 연유하여 구약시대에 누구든지 하나님께 나아가고자 하는 자는 제물의 피를 가지고 나아갔다.
>
> 한편 오늘날의 성도들도 예수 그리스도의 보혈의 권세를 의지해야만 하나님께 나아갈 수 있다(히 9:22). 이는 하나님께 나아가는 자는 신·구약을 막론하고, 또 누구든지 동일하게 주의 보혈의 권세를 의지하였다.
>
> 따라서 우리는 주의 보혈의 권세가 우리의 신앙과 충성을 받쳐주는 능력이 됨을 인정하고, 언제 어디서나 주 예수 그리스도의 보혈을 의지해야 할 것이다.

"레위인을 회막 앞에 나오게 하고 이스라엘 자손의 온 회중을 모으고"
———————————————— 민 8:9

9절 회막 앞에서의 레위인의 섬김

본문 상반절에서 "레위인을 회막 앞에 나오게 하고"라고 하였다. 이는 레위인의 성별의식에서 '회막 앞'(5:16)이란 '하나님과 백성 앞'을 뜻하는 것으로, 레위인의 공식적인 섬김의 위치를 보여준다. 그런데 영적으로 레위인은 전도사 및 교회에서 여러 직분을 맡은 자들을 가리킨다. 그렇다면 어떠한 섬김이 회막 앞에서의 레위인의 섬김이 될까?

성막에서 여러 봉사를 맡은 레위인의 사역은 결과적으로 제사의 사역인 제사장의 사역을 돕는 것이었다. 이는 여러 지체인 성도들의 여러 측면에서의 섬김이 목회자의 목양을 통일되게 한다는 점에서 제사장, 즉 목회자와 직분 맡은 성도(영적인 레위인)의 사역이 맞물려 있는 것이다.

특히 레위인의 성별의식에서 레위인을 회막 앞으로 나오게 하였다. 여기에서 '회막 앞'이란 '하나님과 백성 앞'을 뜻하는 것으로, 레위인의 영적인 위치에 대한 예표다. 이 때문에 회막 앞에서의 레위인의 섬김은 질서를 따라 순종하여 하나님께 영광을 돌리고, 충성하여 성도들에게 본이 되도록 섬기는 것이다(마 5:14-16). 더욱이 우리는 하나님의 시야와 주의 백성의 시야를 벗어날 수 없다.

따라서 우리는 언제 어디서나 진리 가운데 행하여 하나님께 영광을 돌리고 성도 사이에서는 생활에 본이 되어야 할 것이다.

"레위인을 여호와 앞에 나오게 하고 이스라엘 자손이 그들에게 안수하게 한 후에"

민 8:10

10절 백성이 레위인에게 안수한 것에서 내포한 '전가'라는 말의 뜻

유월절 규례와 출애굽은 상호 관련이 있다. 유월절 규례에서 해 질 때에 이스라엘 회중이 유월절 양을 잡고, 그 피를 양을 먹을 집 좌우 문설주와 인방에 바르게 하셨다. 그런데 여호와께서 그 밤에 두루 다니시며 사람이나 짐승을 막론하고 애굽 땅에 있는 처음 난 것을 다 치실 때에 유월절 양의 피가 발견된 이스라엘의 장자와 생축의 첫 것은 멸하지 않고 넘어가시고, 애굽 집의 장자와 생축의 첫 것은 멸하셨다(출 12:1-14).

한편 출애굽을 주도하신 하나님께서는 이스라엘의 처음 난 자와 가축의 첫 것을 구별하여 여호와께로 돌리게 하셨다(출 13:11-13). 이리하여 하나님께서는 백성을 대신하여 레위인을 성막(회막)에서 봉사하는 자들로 구별하셨다. 특히 본문에서 레위인의 정결 예식 중 이스라엘 자손, 즉 백성이 성막의 직무를 맡은 레위인에게 안수하였다. 여기에서 '안수'란 전가의 의미가 있다(레 1:4). 그렇다면 본문에서 백성이 레위인에게 안수한 것에서 내포한 '전가'라는 말의 뜻은 무엇일까?

이스라엘의 장자는 출애굽과 관련하여 마땅히 하나님의 소유가 되어 성막(회막)에서 여호와 하나님을 섬겨야 한다. 여기에 하나님께서는 레위 지파를 택하시고, 이스라엘의 장자를 대신하여 성막(회막)에서 하나님을 섬기게 하셨다. 그래서 백성이 레위인의 정결 예식 중 그들에게 안수하게 한 것은 성막에서 이스라엘의 장자(이스라엘 백성 전체의 상징), 즉 이스라엘에게 부과된 의무를 그들에게 전가하여 대신 일하게 한다는 뜻이다. 이는 주의 사역에 있어서 성도들을 대표하고 대신하여 여러 모양의 사명을 맡아 섬기는 자들을 뜻하기도 한다.

따라서 우리는 교역자들을 비롯하여 사명을 맡아 충성하는 일꾼들을 위해 기도하고, 예배뿐만 아니라 주의 통일된 지체로서 주의 일에 쓰임이 되도록 훈련되고 준비되어야 할 것이다.

> "레위인을 여호와 앞에 나오게 하고 이스라엘 자손이 그들에게 안수하게 한 후에"
>
> —— 민 8:10

10절   백성이 레위인에게 안수한 것에서 예표된 구속사적인 사건

출애굽과정에서 이스라엘이 구원받은 것과 이스라엘의 장자와 가축의 첫 것의 구원은 유월절 양의 희생의 피와 관련이 있다. 더욱이 장자는 백성 전체에 대한 상징으로, 장자의 구원은 백성 전체에 대한 구원이기도 하다.

한편 출애굽을 주도하신 하나님께서는 이스라엘 집의 처음 난 자와 가축의 첫 것을 구별하여 여호와께로 돌리게 하셨다(출 13:11-13). 이는 이스라엘 전체가 하나님의 소유라는 뜻이기도 하다.

또 하나님께서는 당신의 소유로서 백성의 장자, 즉 백성을 대신하여 성막에서 당신을 섬길 자로 레위 지파를 구별하셨다. 그런데 이스라엘의 장자를 대신할 자, 즉 레위인의 수효(민 3:39; 22,000명)가 이스라엘의 장자의 수효(민 3:43; 22,273명)에 비해 273명(민 3:46)이 부족하자, 하나님께서는 273명의 대속을 위해서 각 1인당 성소 세겔로 5세겔씩 바치게 하셨다(민 3:47-48). 이는 백성 전체의 상징인 장자의 전가가 대속에 대한 예표가 됨을 나타내고, 백성의 장자의 수효에 미치지 못한 것을 각각 성소의 세겔로 5세겔씩 바치게 한 것은 백성을 대표한 레위인에게 백성 각각의 대속이 부과되었다는 뜻이기도 하다. 이리하여 레위인의 사역에는 그리스도의 사역이 예표되어 있다. 그렇다며 레위인의 정결 예식 중 백성이 레위인에게 안수한 것에서 예표된 구속사적인 사건은 어떤 것일까?

> 그리스도께서 인류의 대속을 위해서 십자가에서 고난당하신 사건이다.
>
> 이스라엘의 장자는 이스라엘 전체를 예표하고 이스라엘은 온 세상에 대한 장자의 예표이다. 그런데 안수가 전가라는 의미에서 온 세상의 머리(장자) 되신 그리스도께서는 인류의 대속을 위해서 십자가에서 고난당하셨다. 이는 레위인의 사역에서 예표된 것이요, 그리스도의 십자가 사건에서 구체화 되었다(롬 5:17-21).

특히 그리스도께 전가된 것은 인류의 허물과 죄뿐만 아니라 인간의 모든 연약함이다.

따라서 신앙의 성취를 위해 나아가는 우리는 인간의 한계 앞에서 구속사적인 측면에서 기도할 수 있어야 할 것이다.

"아론이 이스라엘 자손을 위하여 레위인을 흔들어 바치는 제물로 여호와 앞에 드릴지니 이는 그들에게 여호와께 봉사하게 하기 위함이라 레위인으로 수송아지들의 머리에 안수하게 하고 네가 그 하나는 속죄제물로, 하나는 번제물로 여호와께 드려 레위인을 속죄하고 레위인을 아론과 그의 아들들 앞에 세워 여호와께 요제로 드릴지니라"

———————————————————————— 민 8:11-13

11-13절 하나님께 대한 레위인의 헌상의 사역

'요제'란 '앞뒤로 흔든다'라는 뜻의 히브리어 '누프'에서 유래된 것으로, 요제는 희생 제물의 가슴 부분을 제사장의 손바닥 위에 올려놓고 앞뒤로 흔들어 하나님께 바치는 제사였다(출 29:24; 레 7:30-34). 이 제사는 '아론과 그 아들들'(출 29:24)이란 말이 보여주듯이 제사장들에 의하여 행해졌다.

한편 본문 상반절에서 "아론이 이스라엘 자손을 위하여 레위인을 흔들어 바치는 제물로 여호와 앞에 드릴지니"라고 하였다. 이는 레위인을 대상으로 인신 제사를 드리라는 것이 아니라, 레위인 중 레위인을 대신하고 대표할 몇 사람을 선발하여 요제 형식의 상징적인 의미의 제사로 추정된다(출 29:24). 여기에 레위인은 자신이 요제물이 되는 대신 수송아지의 머리 위에 안수하고, 그 동물이 제물이 되게 했다(12절). 이는 하나님께 대한 레위인의 온전한 헌상을 상징한다. 특히 레위인이 바친 수송아지 요제는 제사장이 사용하도록 하나님께서 허락하셨다. 이는 성막(회막), 즉 오늘날의 교회에서 제사장(교역자)의 사역에 수종드는(교회에서 여러 일을 맡은 성도) 레위인이 아론과 그 아들들에게 영원히 주어진 것과 관련이 있다. 이리하여 본문에는 하나님께 헌상이 되는 레위인의 사역이 제사장의 사역과 맞물려 있음에 대해 조명하였다. 그렇다면 어떻게 하는 것이 하나님께 대한 레위인(교회에서 여러 직분을 맡은 자)의 헌상의 사역이 될까?

성막에서 여러 사명을 맡은 레위인의 사역은 독립적으로 존재하지 않는다. 레위인의 사역은 제사장, 즉 교역자들에게 수종드는(돕는) 것으로, 하나님께 대한 제사, 즉 하나님께 예배하기 위한 제사장의 사역과 맞물려 존재한다. 그리하여 레위인의 사역은 일방적인 충성이 아닌 제사장, 즉 교역자들의 사역의 의도를 좇아 충성했을 때, 하나님께서 받으실 만한 헌상의 사역이 된다. 이는 그리스도를 믿는 신앙의 발로에서 그리스도의 뜻만을 좇는 충성을 가리키기도 한다.

따라서 교회 공동체인 성도는 그리스도의 대속을 믿는 신앙의 발로에서 자기중심적인 충성이 아닌 교회 교역자의 양육과 지도 아래 충성해야 할 것이다.

"너는 이같이 이스라엘 자손 중에서 레위인을 구별하라 그리하면 그들이 내게 속할 것이라 네가 그들을 정결하게 하여 요제로 드린 후에 그들이 회막에 들어가서 봉사할 것이니라 그들은 이스라엘 자손 중에서 내게 온전히 드린 바 된 자라 이스라엘 자손 중 모든 초태생 곧 모든 처음 태어난 자 대신 내가 그들을 취하였나니 이스라엘 자손 중에 처음 태어난 것은 사람이든지 짐승이든지 다 내게 속하였음은 내가 애굽 땅에서 모든 처음 태어난 자를 치던 날에 그들을 내게 구별하였음이라 이러므로 내가 이스라엘 자손 중 모든 처음 태어난 자 대신 레위인을 취하였느니라 내가 이스라엘 자손 중에서 레위인을 취하여 그들을 아론과 그의 아들들에게 주어 그들로 회막에서 이스라엘 자손을 대신하여 봉사하게 하며 또 이스라엘 자손을 위하여 속죄하게 하였나니 이는 이스라엘 자손이 성소에 가까이 할 때에 그들 중에 재앙이 없게 하려 하였음이니라"

———————————————————— 민 8:14-19

14-19절 ▷ 하나님의 소유가 된 성도의 삶

유월절 재앙은 여호와 하나님께서 유월절 양을 잡아 피 흘려 문 인방과 좌우 설주에 바른 이스라엘의 장자와 가축의 첫 것은 구원하시고, 유월절 어린양의 피가 발견되지 아니한 애굽의 장자와 가축의 첫 것은 멸하셨다. 특히 장자는 이스라엘 전체를 상징하는 것으로, 레위인이 이스라엘의 구원의 속전으로 하나님의 소유된 자들로 주의 집, 즉 성막에서 섬겼다(16-18절). 결국 레위인이 성막에서 봉사하는 것으로 백성은 하나님의 재앙을 면할 수가 있었다(19절). 이는 레위인의 사역이 이스라엘 백성의 구원을 위한 속전의 사역을 뜻한다는 점에서 인류의 속죄를 위한 그리스도의 대속 사역의 예표이다.

한편 그리스도의 대속 사역으로 인해 그리스도를 믿는 성도마다 하나님의 소유가 되었다. 그렇다면 하나님의 소유가 된 성도는 어떠한 삶을 지향해야 할까?

하나님께서는 십자가에서 흘리신 주의 피 값을 지불하시고 성도들을 구원하셨다. 이 때문에 성도는 주의 생명을 지불하고 사신 하나님의 소유가 된다. 이 때문에 성도에게 속한 모든 것은 하나님의 것이다. 생명이나 재능이나 현재 누리고 있는 부와 영광 및 모든 것이 하나님의 것이다.

따라서 하나님의 소유된, 또 자녀 된 우리는 가진 모든 것을 자신의 것이라 주장하지 말고, 자신의 소욕이 아닌 하나님의 뜻을 추구하는데 선용할 수 있어야 할 것이다.

"내가 이스라엘 자손 중에서 레위인을 취하여 그들을 아론과 그의 아들들에게 주어 그들로 회막에서 이스라엘 자손을 대신하여 봉사하게 하며 또 이스라엘 자손을 위하여 속죄하게 하였나니 이는 이스라엘 자손이 성소에 가까이 할 때에 그들 중에 재앙이 없게 하려 하였음이니라"

———————————————————————— 민 8:19

19절　레위인의 상급에서 자신과 관련한 상급을 받을 자

　본문 상반절에서 하나님께서는 "이스라엘 자손 중에서 레위인을 취하여 아론과 그의 아들들에게 그들을 주어"라고 한다. 이는 하나님께서 요제로 드려진 레위인을 받으시고 다시 제사장에게 거저 주는 것을 말한다. 이 때문에 제사장은 레위인을 종으로서가 아닌, 거저 주시는 선물, 즉 거저 주시는 은혜로 알고, 그들이 레위인의 직분을 잘 감당할 수 있도록 훈련하고 상황을 적절하게 인도해야 한다.

　한편 레위인은 하나님께 충성하는 주의 성도, 즉 주의 일꾼이다. 특히 레위인의 충성은 자신뿐만 아니라 자신과 관련한 누군가에게 상급이 된다. 그렇다면 레위인의 상급에서 자신과 관련한 상급을 받을 자는 누구일까?

　성도는 주를 믿는 순간부터 레위인처럼 성막에서 사명을 맡아 섬기지 않는다. 중생한 성도는 교역자들의 양육을 통해서 신앙이 자라나고, 성막에서 섬기는 레위인같이 일꾼의 모양을 덧입게 된다. 그리하여 레위인, 즉 충성하여 사명을 감당하는 성도는 자신뿐만 아니라(고전 9:25; 약 1:21), 바울이 빌립보 교인들을 가리켜 '나의 기쁨이요 면류관인 사랑하는 자들아'라고 했듯이 성도는 교역자에게 상급이 되게 한다(빌 4:1; 살전 2:19).

　따라서 우리는 충성이 끼치는 은혜의 확장을 생각하고 기뻐하며 사명을 감당해야 할 것이다.

"모세와 아론과 이스라엘 자손의 온 회중이 여호와께서 레위인에 대하여 모세에게 명령하신 것을 다 따라 레위인에게 행하였으되 곧 이스라엘 자손이 그와 같이 그들에게 행하였더라 레위인이 이에 죄에서 스스로 깨끗하게 하고 그들의 옷을 빨매 아론이 그들을 여호와 앞에 요제로 드리고 그가 또 그들을 위하여 속죄하여 정결하게 한 후에 레위인이 회막에 들어가서 아론과 그의 아들들 앞에서 봉사하니라 여호와께서 레위인의 일에 대하여 모세에게 명령하게 하신 것을 따라 그와 같이 그들에게 행하였더라"

—— 민 8:20-22

20-22절 쓰임을 위해 반드시 전제되어야 하는 것

본문에서는 제사장을 도와 성막에서 일할 레위인의 위임식에서 "레위인이 죄에서 스스로 깨끗하게 하고 그 옷을 빨매"라고 하였다. 여기에서 레위인이 스스로 깨끗하게 한다는 것은 물 뿌리는 행위의 의식이 아닌 자신을 깨끗하게 하기 위한 개인적인 준비행위를 말한다. 본문 22절에서는 스스로 깨끗하게 준비한 레위인이 회막에 들어가서 아론과 그의 아들들 앞에서 봉사하였다. 특히 21절에서는 성막에서 임무를 맡은 자의 쓰임의 전제와 22절에서는 성막에서 아론을 도와 쓰임 받는 레위인에 대하여 말씀하였다. 그렇다면 쓰임 받기 위해 반드시 전제되어야 하는 것은 무엇일까?

"큰 집에는 금 그릇과 은그릇뿐 아니라 나무 그릇과 질그릇도 있어 귀하게 쓰는 것도 있고 천하게 쓰는 것도 있나니 그러므로 누구든지 이런 것에서 자기를 깨끗하게 하면 귀히 쓰는 그릇이 되어 거룩하고 주인의 쓰심에 합당하며 모든 선한 일에 준비함이 되리라"(딤후 2:20-21).

주의 일을 맡은 성도는 주의 집에서 여러 재질의 여러 모양으로 쓰임을 받는다. 여기에서 쓰임의 전제는 재질의 문제가 아닌 깨끗함에 있다.

따라서 우리는 주의 쓰심에 합당하도록 회개의 열매를 풍성하게 맺고, 깨끗한 그릇이 되어야 할 것이다.

"여호와께서 또 모세에게 말씀하여 이르시되 레위인은 이같이 할지니 곧 이십오 세 이상으로는 회막에 들어가서 복무하고 봉사할 것이요 오십 세부터는 그 일을 쉬어 봉사하지 아니할 것이나 그의 형제와 함께 회막에서 돕는 직무를 지킬 것이요 일하지 아니할 것이라 너는 레위인의 직무에 대하여 이같이 할지니라"

— 민 8:23-26

23-26절 사명 맡은 성도들의 직무

레위인은 30세부터 회막에서 봉사를 시작할 수 있는 연령으로 규정되었다(민 4:3). 하지만 본문에서는 30세가 아닌 25세부터 회막 일을 수행할 수 있도록 하였다. 이는 민수기 4:3의 모순이라기보다 30세부터 공식적인 업무를 시작할 수 있도록 수습 기간을 두어 자격을 갖추며, 준비하는 기간으로 추정된다. 예컨대 다윗 때에 레위인의 봉사는 20세로 낮춰져 수습 기간이 10년으로 늘어나게 된다(대상 23:24-27).

한편 본문에서 레위인이 공식적으로 회막에서 봉사를 시작하는 연령은 25세로 규정하고, 50세가 정년이 되게 하였다. 또 정년 이후부터는 "형제와 함께 회막에서 돕는 직무를 지킬 것이요"라고 하였다. 이는 사명 맡은 성도들의 바람직한 섬김에 대한 모형이기도 하다. 그렇다면 사명 맡은 성도들의 직무는 어느 시점에서 끝난다는 뜻일까?

본문 26절에서 "그의 형제와 함께 회막에서 돕는 직무를 지킬 것이요"라고 했다. 이는 정년을 지난 레위인에게 주어진 사명으로, 지난날의 경륜을 십분 발휘하여 관리 감독하는 일을 하라는 뜻이다. 그러니까 이스라엘 백성의 맏아들을 대신하여 회막에서 봉사하는 레위인은 정년 이후에도 일생동안 주의 집에서 섬긴 것이다. 즉 공무 수행 기간에는 적극적으로 봉사의 일선에서, 정년 이후에는 고문 역할을 하여 공무 수행에 있는 자들에게 힘을 주었다. 이 때문에 정년 이후의 레위인이라 해도 사역의 모습이나 책임감의 측면에서 공무를 수행하는 레위인과 차이는 있었지만 일생동안 하나님을 섬긴다는 측면에서는 공무를 수행하는 레위인과 동일했다.

따라서 넓은 의미에서 영적인 레위인인 성도는 여러 상황에서 여러 모양으로 일생동안 부지런히 하나님을 섬겨야 할 것이다.

9장
성막 완공과 2차 유월절

본장은 시간순으로 본서 중 가장 앞선 때 즉 시내 산에서 성막 완공 후 가나안으로 출발하기 직전의 내용으로, 유월절 준수하였다. 또 백성 중에 자기 몸이 의식적으로 부정하거나 타국인과 여행으로 인하여 유월절을 지키지 못한 자들을 구제하여 다시 날을 정하여 지키도록 하였다.

한편 성막이 완공되자 구름이 성막, 곧 증거막을 덮었고, 백성은 불과 구름 기둥의 인도를 따라 가나안을 향해 행진을 시작하였다.

> "이스라엘 자손에게 유월절을 그 정한 기일에 지키게 하라 그 정한 기일 곧 이 달 열넷째 날 해 질 때에 너희는 그것을 지키되 그 모든 율례와 그 모든 규례대로 지킬지니라"
>
> —— 민 9:2-3

2-3절 "해 질 때에 그것을 지키되"

유월절은 이스라엘 종교력의 첫 달인 니산 월(태양력의 3, 4월) 14일이다. 하나님께서는 그 정한 기일대로 규례를 따라 이 절기를 지키게 하셨다(출 12:2-6; 13:3, 4).

　　한편 출애굽한 이스라엘 백성들은 광야 생활에 아직 적응이 어려웠다. 그런데도 하나님께서는 가나안 정복 후가 아닌 출애굽 일 년 후 성막 완공과 함께 가나안을 향해 출발 직전에 있던 백성들에게 유월절 절기를 지키게 하셨다. 특히 본문 3절 중반절에는 "해 질 때에 너희는 그것을 지키되"라고 하였다. 이는 해 질 때에 어린양을 잡으라는 뜻이고, 또 유월절 어린양은 그리스도에 대한 예표이기도 하다. 그렇다면 어떠한 연유에서 유월절 어린양을 해 질 때 잡으라고 했으며, "해 질 때에 그것을 지키되"라고 하였을까?

　　"이달 열넷째 날 해 질 때에"란 출애굽 직전 유월절 양을 잡던 저녁 시간이다(출 12:2-6; 13:3-4). 여기서 '해 질 때'란 문자적으로 '두 저녁들 사이'를 가리킨다. 이는 죠세프스의 주장과 같이 그리스도께서 십자가에서 돌아가신 시간과 일치한다(오후 3~5시). 이같이 그리스도께서 십자가에서 운명하신 시간은 백성의 출애굽을 가능하게 했던 유월절 어린양을 잡은 일시와 일치한다. 그런데 그리스도께서는 구약에 예언대로 인류의 구원을 위한 구속사를 이루셨다.

　　따라서 우리는 승천하신 주께서 재림을 약속하셨다는 사실을 인지하고 주의 영광을 구하는 삶을 유지해야 할 것이다.

"이스라엘 자손에게 유월절을 그 정한 기일에 지키게 하라 그 정한 기일 곧 이 달 열넷째 날 해 질 때에 너희는 그것을 지키되 그 모든 율례와 그 모든 규례대로 지킬지니라 모세가 이스라엘 자손에게 명령하여 유월절을 지키라 하매 그들이 첫째 달 열넷째 날 해 질 때에 시내 광야에서 유월절을 지켰으되 이스라엘 자손이 여호와께서 모세에게 명령하신 것을 다 따라 행하였더라"

— 민 9:2-5

2-5절 　유월절을 기념하게 하신 것과 기념에 대한 신앙의 의도

이스라엘 자손에게 유월절을 그 정한 기일에 지키도록 하였다. 이는 고역의 땅 애굽에서 구원받은 기념비적인 절기로서, 매년 1월 14일에 지키도록 하였다. 그런데 그리스도께서도 제자들과 마지막 만찬에서 유월절 어린양의 희생과 관련하여 기념하여 지키도록 한 것이 있다. 특히 거기에는 기독교 신앙의 핵심이 의도되어 있다. 그렇다면 유월절을 기념하게 하신 것은 무엇이며, 기념에 대한 신앙의 의도는 무엇일까?

유월절은 그리스도의 죽음을 예표한 것이며, 성만찬은 그리스도의 죽음을 기념하는 예식이다(마 26:26-29; 고전 11:23-29).

한편 유월절은 애굽의 속박에서 해방된 사실을 기념하는 절기다. 여기에서 애굽은 세상 임금, 즉 사탄에 대한 상징이다. 또 유월절 희생양을 잡아 피 흘려 이스라엘 집 문인방과 좌우 설주에 뿌리게 하였고(출 12:22), 여호와께서는 유월절 양의 피의 흔적이 발견되지 아니한 애굽의 장자와 생축의 첫 것을 멸절하신

반면, 유월절 양의 피의 흔적이 발견된 이스라엘의 집은 넘어가시며, 각 집의 장자와 생축의 첫 것을 지켜주셨다. 이 때문에 유월절을 기념하는 신앙의 의도는 신앙의 기념비같이 항상 주의 구원을 상기하기 위함이다.

따라서 우리는 주의 죽으심이 우리의 생명이 되었다는 사실을 인지하고 신앙을 새롭게 해야 할 것이다.

"그 때에 사람의 시체로 말미암아 부정하게 되어서 유월절을 지킬 수 없는 사람들이 있었는데 그들이 그 날에 모세와 아론 앞에 이르러 그에게 이르되 우리가 사람의 시체로 말미암아 부정하게 되었거니와 우리를 금지하여 이스라엘 자손과 함께 정한 기일에 여호와께 헌물을 드리지 못하게 하심은 어찌함이니이까 모세가 그들에게 이르되 기다리라 여호와께서 너희에게 대하여 어떻게 명령하시는지 내가 들으리라"

— 민 9:6-8

6-8절　부정하여 유월절 예식에 참여할 수 없게 한 연유

사람의 시체를 가까이 한 자는 '부정하다' 하여 유월절 예식에 참여할 수 없게 하였다. 그렇다면 어떠한 연유에서 시체를 가까이 한 자가 부정하며, 왜 그들이 유월절 예식에 참여할 수 없게 하였을까?

  사망은 범죄의 결과다(창 3:19). 그래서 히브리인들은 시체를 부정하게 보았고, 시체를 접촉하는 자는 7일 동안 부정했고(19:11-16), 이 기간에 어떤 종교 행사에도 참여할 수 없었다. 만약 규례를 지키지 아니하고 부정한 자가 유월절 예식에 참여하여 희생 고기를 먹으면 그 사람은 이스라엘 중에서 끊어지게 된다(레 7:20).

  한편 유월절 희생은 인류의 대속을 위한 그리스도의 예표다. 특히 주께서는 죄로 인해 인류가 짊어진 사망 권세를 철폐하시고 영생의 은혜, 즉 생명의 시대를 도래하게 하셨다. 이 때문에 죄의 결과로 다가온 주검을 접촉하는 것은 유월절 정신과 배치된다.

  따라서 유월절의 은혜, 즉 주의 대속을 믿는 우리는 마땅히 죽은 행실을 버리고, 생명이 풍성한 주의 말씀을 좇아야 할 것이다.

"그 때에 사람의 시체로 말미암아 부정하게 되어서 유월절을 지킬 수 없는 사람들이 있었는데 그들이 그 날에 모세와 아론 앞에 이르러 그에게 이르되 우리가 사람의 시체로 말미암아 부정하게 되었거니와 우리를 금지하여 이스라엘 자손과 함께 정한 기일에 여호와께 헌물을 드리지 못하게 하심은 어찌함이니이까"

— 민 9:6-7

6-7절 시체를 접촉하여 부정하게 된 자들의 호소

시체로 인하여 부정하게 된 자들이 유월절 예물을 드리지 못하게 되자, 지체하지 아니하고 당장에 모세와 아론에게 호소하였다. 이는 불평이라기보다는 긍정적인 면에서의 호소이다. 그렇다면 시체를 접촉하여 부정하게 된 자들의 호소는 어떤 것이었을까?

여기에서 시체를 접촉하여 부정하게 된 자들은 신앙의 발로에서 주의 종들에게 호소하였다. 즉 그들은 유월절 예물을 드리며 하나님께 나아갈 수 없게 된 안타까운 마음을 호소하며, 절기를 지키고자 대안을 모색했다. 이는 신앙이 전제된 긍정적인 측면에서의 호소이고, 주의 대속의 은혜에 대한 신앙의 열정이었다. 결국 하나님께서는 절기를 지키고자 하는 자들의 호소를 들으시고 그들에게 기회를 주셨다(9-12절).

따라서 우리도 하나님께 대한 신앙의 열정이 인정되어, 주를 기쁘시게 하는 일에 기회를 사야 할 것이다.

"모세가 그들에게 이르되 기다리라 여호와께서 너희에게 대하여 어떻게 명령하시는지 내가 들으리라"

———————————————— 민 9:8

8절　급박한 문제 해결을 위해 필요한 것

모세는 시체로 인하여 부정하게 된 자들의 호소를 듣자, 먼저 그들에게 기다리라고 했다. 그리고 그는 하나님께 나아가 해결 방법을 간구하였다. 이는 성도들의 문제 해결을 위한 바람직한 사례이기도 하다. 그렇다면 본문의 사례와 같이 급박한 문제 해결을 위해 필요한 것은 무엇인가?

　부정한 연유로 유월절 예식에 참여할 수 없게 된 백성은 모세와 아론에게 호소하였다. 백성의 호소를 들은 모세는 먼저 그들에게 기다리라고 하였다. 그리고 모세는 백성의 문제 해결을 위해 기도하였다(8절). 결국 모세는 응답을 받았고, 부정하게 되어 1월 14일에 유월절을 지키지 못한 백성은 한 달 후 2월 14일에 유월절을 지키게 하였다(11-12절).

　따라서 급박한 문제 만난 성도는 홀로 근심하지 말고, 먼저 소속된 교회의 담임 교역자에게 말하여 함께 기도할 수 있어야 할 것이다.

"여호와께서 모세에게 말씀하여 이르시되 이스라엘 자손에게 말하여 이르라 너희나 너희 후손 중에 시체로 말미암아 부정하게 되든지 먼 여행 중에 있다 할지라도 다 여호와 앞에 마땅히 유월절을 지키되 둘째 달 열넷째 날 해 질 때에 그것을 지켜서 어린 양에 무교병과 쓴 나물을 아울러 먹을 것이요 아침까지 그것을 조금도 남겨두지 말며 그 뼈를 하나도 꺾지 말아서 유월절 모든 율례대로 지킬 것이니라 그러나 사람이 정결하기도 하고 여행 중에도 있지 아니하면서 유월절을 지키지 아니하는 자는 그 백성 중에서 끊어지리니 이런 사람은 그 정한 기일에 여호와께 헌물을 드리지 아니하였은즉 그의 죄를 담당할지며 만일 타국인이 너희 중에 거류하여 여호와 앞에 유월절을 지키고자 하면 유월절 율례대로 그 규례를 따라서 행할지니 거류민에게나 본토인에게나 그 율례는 동일할 것이니라"

— 민 9:9-14

9-14절　한 달간 시차를 두고 유월절을 지키게 한 연유

시체를 접촉하여 부정하게 된 자뿐만 아니라 유월절 예식에 참여하지 못할 만큼 먼 여행 중인 자(유대 전승에 의하면 유월절 당일 예루살렘 성소에서 약 24km 이상 떨어진 곳)와 또 타국인까지 유월절 한 달 후인 2월 14일 저녁 때, 유월절 절기를 지키게 하였다(출 12:15-10; 12:48). 여기에서 한 달간의 시차는 부정과 관련한 측면이 강하다. 그렇다면 유월절을 지키지 못한 자들이 한 달간의 시차를 두고 유월절을 지키게 한 것은 부정과 관련하여 무엇을 강조한 것일까?

　　1월 14일 유월절을 지킬 수 없게 된 자의 가장 큰 문제는 시체를 가까이하여 장사지낸 자의 부정함 때문이었다. 그런데 유월절은 완전한 속죄를 의미하는 무교병을 먹으며 지켰다. 더욱이 유월절 다음날로부터 7일간은 누룩을 제하고 무교병을 먹으며 지키는 무교절이다. 그래서 한 달간의 기간은 자신을 돌아볼 수 있는 충분한 시간이 된다. 이리하여 한 달의 시차로 정해진 유월절 준수는 형식적인 측면보다 부정을 깨끗하게 하는 정신적이고 영적인 측면이 강하다.

　　따라서 유월절 어린양의 실체인 그리스도의 대속을 믿는 우리는 무엇보다 먼저 회개의 열매를 맺고 성결한 생활을 유지해야 할 것이다.

"둘째 달 열넷째 날 해 질 때에 그것을 지켜서 어린 양에 무교병과 쓴 나물을 아울러 먹을 것이요"

──────────────────── 민 9:11

11절　본문의 규례에서 나타난 성도의 신앙

　　하나님께서는 여러 사정으로 인해 1월 14일에 유월절을 지키지 못한 자들에게 2월 14일에 유월절을 지키라고 하셨다.

　　본문 11절 "둘째 날 열넷째 날 해 질 때에 그것을 지켜서 어린 양에 무교병과 쓴 나물을 아울러 먹을 것이요"

　여기에서 유월절 어린양은 예수 그리스도에 대한 예표이고, 무교병은 발효되지 않은 떡으로 완전한 속죄를 의미하고(고전 5:7-8), 쓴 나물은 '괴롭다'에서 유래한 말로 이스라엘 백성이 애굽에서의 혹독한 고난을 상기하는 것이었다. 여기에는 유월절 어린양, 즉 그리스도의 대속을 믿는 성도의 신앙이 어떠해야 하는지에 대한 영적인 의미가 있다. 그렇다면 본문의 규례에서 나타난 성도의 신앙은 어떠해야 할까?

> 　유월절 어린양은 예수 그리스도를 예표한다. 그런데 예수 그리스도를 예표한 유월절 어린양은 반드시 무교병과 쓴 나물을 아울러 먹게 했다. 여기에서 유월절 어린양을 잡아 아울러 먹는 것 중 하나는 누룩이 들어가지 않은 떡으로, 완전한 속죄를 의미했다. 또 유월절 어린양을 잡아 아울러 먹는 것 중 다른 하나는 쓴 나물로, 애굽에서의 혹독한 고난을 의미했다. 여기에서 유월절 어린양에 무교병과 쓴 나물을 아울러 먹으라고 한 것은 그리스도의 대속을 믿는 자들의 모범적인 신앙에 대한 말씀이다. 즉 죄에서 떠난 삶, 다시는 종의 멍에를 메지 말아야 하는 성도의 삶에 대한 방향 제시이다. 특히 모든 절기와 또 유월절은 한 번이 아니라 매년 지키게 했다. 이는 주의 대속의 복음으로 날마다 새로워지는 신앙생활에 대한 의미를 내포하고 있다.
>
> 　따라서 우리는 변화를 받아 유월절 규례에서 나타난 상징의 의도를 이루어야 할 것이다.

"둘째 달 열넷째 날 해 질 때에 그것을 지켜서 어린 양에 무교병과 쓴 나물을 아울러 먹을 것이요 아침까지 그것을 조금도 남겨두지 말며 그 뼈를 하나도 꺾지 말아서 유월절 모든 율례대로 지킬 것이니라"

———————————————————————————— 민 9:11-12

11-12절 유월절 어린양의 규례에서 나타난 영적인 의도

여러 사정으로 인해 유월절을 지키지 못한 자들에게 두 번째 유월절을 지키도록 하였다. 특히 12절에서는 아침까지 그것을 조금도 남겨두지 말고, 그 뼈를 하나도 꺾지 말라고 하였다. 아침까지 조금도 남겨두지 말라고 한 것은 그리스도를 예표한 어린 양의 고기를 가리키고, 또 뼈를 꺾지 말라는 것은 그리스도의 속죄 사역의 예표이다. 그렇다면 유월절 어린양의 고기를 아침까지 조금도 남기지 않게 하신 것과 그 뼈를 꺾지 않게 하신 것에 대한 영적인 의도는 어디에 있을까?

유월절 어린양의 고기를 아침까지 조금도 남겨두지 않게 하신 것은 어린양의 고기가 부패할 수가 있고, 또 유월절의 의미를 알지 못하는 타인과 짐승에게 돌아갈 수가 있기 때문이다. 그래서 유월절 어린양의 고기를 아침까지 남겨두지 말라는 것은 주의 대속의 복음을 온전히 수용하라는 뜻인 동시에 복음이 조롱을 받지 아니하도록 신앙을 지키라는 영적인 의도가 있다.

또 유월절 어린양을 잡을 때 그 뼈를 하나도 꺾지 않게 하신 것은 그대로 불에 구워 먹게 하기 위함이었다. 이는 그리스도의 완전하신 대속 사역과 또 그리스도의 대속 사역이 실패하지 않고, 온전히 성취되었다는 영적인 의도가 있다(요 19:30). 특히 유월절 어린양을 불에 태우게 한 것은 그리스도께서 십자가에 달려 돌아가시기까지 그분께서 불같은 고난과 고통을 감수하신 영적인 의도가 있다.

따라서 우리는 주의 은혜에서 떨어지지 아니하도록 신앙을 지키고, 십자가를 사랑하며, 항상 주의 뜻을 이루기 위한 십자가를 짊어지고, 십자가 있는 신앙생활을 해야 할 것이다.

"그러나 사람이 정결하기도 하고 여행 중에도 있지 아니하면서 유월절을 지키지 아니하는 자는 그 백성 중에서 끊어지리니 이런 사람은 그 정한 기일에 여호와께 헌물을 드리지 아니하였은즉 그의 죄를 담당할지며"

— 민 9:13

13절 　본문에서의 뜻

본장 10절을 전제하여 아무런 이유 없이 유월절 예식에 참여하지 아니하는 자는 백성 중에서 끊어진다고 했다. 더욱이 백성 중에서 끊어질 뿐만 아니라 스스로 그 죄를 담당해야 한다고 했다. 그렇다면 유월절 예식에 참여하지 아니한 자가 백성 중에서 끊어진다는 것과 스스로 죄를 담당한다는 것은 무엇을 뜻한 말일까?

아무런 이유 없이 유월절 예식에 참여하지 아니한다는 것은 주의 대속의 은혜를 무시하는 것과 같다. 또 유월절 예식에 참여하지 아니한 자가 백성 중에 끊어진다는 것은 곧 하나님으로부터 오는 징계를 피할 수 없는 것으로, 더 이상 하나님의 백성으로 인정되지 않는다는 뜻이다. 더욱이 유월절 예식에 참여하지 아니한 자가 스스로 죄를 담당한다는 것은 주의 대속의 예표인 유월절 양의 피가 발견되지 아니한 집의 장자와 생축의 첫 것이 죽었듯이 스스로 죄에 대하여 갚되 영원한 심판, 즉 사망에 이른다는 뜻이다.

따라서 우리는 유월절 예식, 즉 주의 대속을 믿는 생명의 복음에서 떠나지 말아야 할 것이다.

"만일 타국인이 너희 중에 거류하여 여호와 앞에 유월절을 지키고자 하면 유월절 율례대로 그 규례를 따라서 행할지니 거류민에게나 본토인에게나 그 율례는 동일할 것이니라"
———————————————— 민 9:14

14절 　타국인에 대한 유월절 예식의 영적인 의도

유월절 예식은 이스라엘 백성뿐 아니라 함께 머물러 있는 타국인까지도 참여할 수 있었다. 이들은 반드시 개종하여 할례를 받고 본토인과 동일하게 유월절 율례대로 절차에 따라 지키게 하였다(출 12:48-49). 그렇다면 타국인이 유월절 예식에 참여할 수 있는 것과 그들이 본토인과 동일한 절차에 따라 유월절을 지키도록 한 것의 영적인 의도는 어디에 있을까?

> 타국인이 유월절 예식에 참여할 수 있도록 율례를 세운 것은 온 세상에 대한 선교 비전의 뜻이 이다. 또 유월절 예식에 참여하는 타국인에게 본토인과 동일한 절차를 따르게 한 것은 이스라엘 백성과 이방인 사이에 주의 구원이 차별이 없다는 뜻이다.
>
> 한편 타국인에 대한 유월절 예식에서 나타나는 세계 선교 비전과 온 세상에 대한 하나님의 사랑의 복음은 일차적으로 그리스도의 초림으로 이루어졌고, 지금도 지구촌 곳곳으로 확산되고 있다.
>
> 따라서 주의 대속으로 말미암아 구원받은 우리는 온 세상에 대한 선교 비전을 상기하고, 전도의 열매를 맺는 자들이 되어야 할 것이다.

"성막을 세운 날에 구름이 성막 곧 증거의 성막을 덮었고 저녁이 되면 성막 위에 불 모양 같은 것이 나타나서 아침까지 이르렀으되"

—————————————————————— 민 9:15

15절   신약시대에서 성전 및 성도를 보호하고 인도하는 자

출애굽 제2년 1월(아빕월) 1일에 성막을 세웠다(출 40:1-2). 특히 성막에 세워진 날 하나님의 승인과 임재의 상징인 구름이 성막에 덮였고(출 40:34-35), 저녁에는 불 모양 같은 것이 성막 위에 머물렀다. 그리하여 하나님께서는 밤낮으로 백성 가운데 계시고 그들을 지켜주셨다(시 121:6-7; 사 27:3).

한편 하나님께서 계신 곳을 가리켜 성전이라고 한다. 그런데 구약 시대에 구름과 불의 영광으로 백성 가운데 계시고, 그들을 지켜주시고, 인도하신 하나님께서는 오늘날에도 백성과 함께하시고, 지켜주시며, 인도하신다. 그렇다면 신약시대에는 무엇을 가리켜 성전이라고 하며, 또 누가 성도를 보호하고 인도할까?

신약시대에서 주의 성전은 그리스도의 대속을 믿는 성도 개개인을 가리킨다(고전 3:16-17). 특히 성막의 완공과 함께 주의 상징인 구름과 불이 성막 위에 머물렀듯이 주의 성령께서 성도의 몸을 성전 삼으시고 성도와 함께 계신다. 더욱이 성막에 머물러 계신 주의 영광, 즉 하나님께서는 백성이 나아가야 할 방향을 따라 먼저 구름으로 나아가시며 백성에게 방향을 제시해 주셨다. 이는 신약시대에 나타나실 성령의 역사로 성도의 몸을 성전 삼으신 주의 성령께서는 성도와 함께 계시고 보호해 주시고, 또 생의 방향을 제시하시며 인도하신다.

따라서 우리는 일생동안 우리와 함께 계시고, 보호해 주시고, 인도해 주시는 주의 성령께 감사와 영광을 돌려야 할 것이다.

"성막을 세운 날에 구름이 성막 곧 증거의 성막을 덮었고 저녁이 되면 성막 위에 불 모양 같은 것이 나타나서 아침까지 이르렀으되 항상 그러하여 낮에는 구름이 그것을 덮었고 밤이면 불 모양이 있었는데"

———— 민 9:15-16

15-16절 말씀과 성령을 구할 수 있는 공적인 장소

성막 건립의 완공과 함께 하나님의 승인과 임재를 상징하는 구름이 성막 위에 덮였고(출 40:33-34), 저녁이 되면 불기둥이 구름을 대신하여 성막 위에 머물렀다. 특히 하나님의 임재를 상징하는 구름은 뜨거운 햇빛을 가려주기에 충분했다. 그래서 구름은 이스라엘 백성에 대한 하나님의 보호의 상징이다. 더욱이 구름은 성막 위에 머물러 있을 뿐만 아니라 백성이 진행할 수 있도록 방향을 제시하였다(출 40:36-38). 그래서 구름은 이스라엘 백성에 대한 하나님의 인도의 상징이다. 그런데 광야 성막 위에 가시적으로 머물러 있던 구름은 신약시대에도 지속되고 있다. 말씀과 성령의 감화 감동의 능력으로 성도 개개인을 보호하고 인도한다. 그렇다면 신약시대의 성도들이 성막 위에 머물렀던 구름의 상징인 말씀과 성령을 구할 수 있는 공적인 곳은 어디일까?

> 성도에 대한 보호와 인도의 상징인 구름이 성막 위에 머물러 있었고, 백성은 그리스도의 예표인 성막에서 하나님께 제사를 드렸다. 이러하듯이 신약시대에서는 그리스도께서 십자가의 고난을 통해서 성취하신 교회에서 예배를 본다.
>
> 한편 성막 위에 성도에 대한 보호와 인도의 상징인 구름이 머물러 있었듯이 교회는 구름의 상징인 말씀과 성령을 구할 수 있는 유일한 공적인 장소다. 즉 교회에서는 성령께서 함께하시는 능력과 성령의 감화 감동이 있다. 성도를 위한 성령의 보호하심, 성도를 인도하는 성령의 방향 제시, 성도들을 새롭게 하는 성령의 능력과 은혜가 있고, 말씀이 선포되고 성도를 양육하는 주의 종들의 사역이 있다.
>
> 따라서 우리는 하나님께 예배하고, 교통하는 주의 몸 된 교회를 사랑하고, 주의 종들의 양육을 통해서 우리의 몸을 성전 삼으신 주의 성령께 영광을 돌려야 할 것이다.

"성막을 세운 날에 구름이 성막 곧 증거의 성막을 덮었고 저녁이
되면 성막 위에 불 모양 같은 것이 나타나서 아침까지 이르렀으되
항상 그러하여 낮에는 구름이 그것을 덮었고 밤이면 불 모양이 있
었는데"

—— 민 9:15-16

15-16절 성령께서 성도에게 밝히시는 것

하나님께서는 성막 위에 당신의 임재를 나타내셨다. 낮에는 구름으
로 밤에는 불 모양으로 교차하며 당신의 임재를 나타내셨다. 특히 캄
캄한 밤에 성막 위에 머물러 있던 불은 신비한 빛으로, 캄캄한 밤 같
은 세상에 죄인을 위해 이 땅에 내려오신 그리스도에 대한 예표요, 또
성도의 영혼을 밝히는 성령에 대한 예표이다. 그렇다면 빛으로 성도에
게 오신 성령께서는 성도에게 무엇을 밝힐까?

빛으로 오신 성령께서는 어두운 일들을 밝히신다. 인간의 죄
를 밝히시고, 죄에 대하여, 의에 대하여, 심판에 대하여 세상을
책망하신다(요 16:7-12). 하나님의 실존을 인지하고 좇도록 성령
의 빛으로 밝혀주시고, 구원자 그리스도에 대한 신앙을 갖게 하
신다. 그 외에도 성령의 빛을 통해서 영적인 깊은 것까지 통달
하게 하시고, 항상 하나님의 나라와 의를 구하게 하신다.

따라서 우리는 구름과 불이 성막에 머물러 계셨던 것처럼 성
령의 나타나심으로 말미암아 성도 개개인의 신앙이 교회로부터
자라나고 성숙하게 된다는 사실을 인지하고, 교회 위에 머물러
계신 주의 성령을 더욱 사랑해야 할 것이다.

"구름이 성막에서 떠오르는 때에는 이스라엘 자손이 곧 행진하였
고 구름이 머무는 곳에 이스라엘 자손이 진을 쳤으니 이스라엘 자
손이 여호와의 명령을 따라 행진하였고 여호와의 명령을 따라 진
을 쳤으며 구름이 성막 위에 머무는 동안에는 그들이 진영에 머물
렀고"

—— 민 9:17-18

17-18절 **구름의 동향이 의미하는 것과 구름과 관련하여 성도들이 결단해야 할 것**

성막에서 구름이 떠오를 때는 이스라엘 자손이 곧 진행하였고, 구
름이 머무는 곳에 이스라엘 자손이 진을 쳤다고 했다. 백성은 구름이
떠오를 때 구름 방향을 향해 진행하였고, 구름이 머무는 곳에 다시 진
을 쳤다. 그렇다면 구름의 동향은 무엇을 의미하며, 구름과 관련하여 성
도들은 무엇을 결단해야 할까?

하나님께서는 구름의 동향을 통해서 백성에게 방향을 제시하
셨고, 백성은 구름이 움직이는 방향을 따라갔다. 이 때문에 구름
의 동향은 백성에게 하나님의 뜻을 나타내는 말씀이요, 성도에
대한 성령의 인도를 뜻한다. 특히 백성이 구름을 따라 진행하는
것은 하나님의 뜻대로 순종해야겠다는 성도의 의지를 나타낸다.

따라서 우리는 성서에 기록된 말씀, 교회에서 주의 종들이 선
포하는 말씀에 귀를 기울이고, 말씀이 지시하는 방향대로 순종
하겠다고 결단해야 할 것이다.

"이스라엘 자손이 여호와의 명령을 따라 행진하였고 여호와의 명령을 따라 진을 쳤으며 구름이 성막 위에 머무는 동안에는 그들이 진영에 머물렀고 구름이 성막 위에 머무는 날이 오랠 때에는 이스라엘 자손이 여호와의 명령을 지켜 행진하지 아니하였으며 혹시 구름이 성막 위에 머무는 날이 적을 때에도 그들이 다만 여호와의 명령을 따라 진영에 머물고 여호와의 명령을 따라 행진하였으며 혹시 구름이 저녁부터 아침까지 있다가 아침에 그 구름이 떠오를 때에는 그들이 행진하였고 구름이 밤낮 있다가 떠오르면 곧 행진하였으며 이틀이든지 한 달이든지 일 년이든지 구름이 성막 위에 머물러 있을 동안에는 이스라엘 자손이 진영에 머물고 행진하지 아니하다가 떠오르면 행진하였으니 곧 그들이 여호와의 명령을 따라 진을 치며 여호와의 명령을 따라 행진하고 또 모세를 통하여 이르신 여호와의 명령을 따라 여호와의 직임을 지켰더라"

―――― 민 9:18-23

18-23절　하나님의 주권

'광야'란 구원받은 성도가 하나님의 나라에 들어갈 때까지의 성도에 대한 삶의 모형이다. 그런데 광야는 길이 없다. 그렇다고 백성이 스스로 도로 정비를 하여 광야 길을 가는 것은 더욱 하나님의 뜻이 아니다. 오직 백성은 성막 위에 머물러 있는 구름의 동향대로 순종하면 된다. 구름이 진 위에 머물러 있을 때는 진을 치고, 그곳에 구름과 함께 머물러 있으면 되고, 구름이 진 위에 떠올라 움직일 때는 레위인 중에 성막을 맡은 자들은 재빨리 성막을 수습하고, 구름이 움직이는 방향을 따라 나아간다. 그런데 구름의 동향을 결정하는 것은 백성의 의지가 아닌 하나님의 의지에서 비롯된 하나님의 주권이다. 그렇다면 하나님께서는 백성에 대한 그 무엇을 주권하신다는 뜻일까?

하나님께서는 백성의 삶을 주권하신다. 그래서 주의 백성은 자기 뜻에 따라 살지 않고, 오직 하나님의 뜻을 좇아 산다.

한편 하나님께서는 성도 개인에 대한 길을 정하시고 인도하신다. 이 사람에게 이렇게, 저 사람에게 저렇게 인도하신다. 그렇지만 성도들이 무엇에 부름을 받았든지 동일한 것은 삶 가운데서 주의 말씀을 좇아야 한다는 것이다.

따라서 우리는 항상 성서를 가까이하고, 빈번한 예배와 항상 기도하는 습관을 통해서 우리를 새롭게 해야 할 것이다.

"이스라엘 자손이 여호와의 명령을 따라 행진하였고 여호와의 명령을 따라 진을 쳤으며 구름이 성막 위에 머무는 동안에는 그들이 진영에 머물렀고 구름이 성막 위에 머무는 날이 오랠 때에는 이스라엘 자손이 여호와의 명령을 지켜 행진하지 아니하였으며 혹시 구름이 성막 위에 머무는 날이 적을 때에도 그들이 다만 여호와의 명령을 따라 진영에 머물고 여호와의 명령을 따라 행진하였으며 혹시 구름이 저녁부터 아침까지 있다가 아침에 그 구름이 떠오를 때에는 그들이 행진하였고 구름이 밤낮 있다가 떠오르면 곧 행진하였으며 이틀이든지 한 달이든지 일 년이든지 구름이 성막 위에 머물러 있을 동안에는 이스라엘 자손이 진영에 머물고 행진하지 아니하다가 떠오르면 행진하였으니 곧 그들이 여호와의 명령을 따라 진을 치며 여호와의 명령을 따라 행진하고 또 모세를 통하여 이르신 여호와의 명령을 따라 여호와의 직임을 지켰더라"

— 민 9:18-23

18-23절 구름의 동향을 빨리 발견하고 순종할 수 있는 비결

하나님께서 구름과 불로 자기 백성을 인도하셨다. 구름이 머무는 곳에 진을 치게 하셨고, 구름이 성막에서 떠오를 때에는 진행하게 하셨다. 구름이 반나절, 하루, 이틀, 일 년 등 예상하지 아니한 때에 구름이 성막에서 떠올라 백성의 갈 길을 인도하였다(21-22절). 이는 한 치 앞도 내다볼 수 없는 주의 성도들에 대한 주의 배려하심이다. 그렇다면 어떻게 해야 하나님께서 인도하시는 구름의 동향을 가장 빨리 발견하고 순종할 수 있을까?

하나님께서 광야를 지나는 이스라엘 백성을 구름의 동향으로 인도하셨듯이 오늘날에도 하나님께서는 구름의 동향으로 성도들을 인도하신다. 말씀과 환경에서 구름의 동향을 나타내시고 성령의 개입으로 구름의 동향을 나타내신다. 즉 주를 예배할 때 선포되는 말씀에서 나타내시는 구름의 동향과 환경에서 나타내시는 구름의 동향 또 성령의 감화 감동으로 나타내시는 구름의 동향 등이 있다(빌 2:13).

그런데 성도들은 구름의 동향을 발견해야 순종할 수 있다.

따라서 우리는 때를 따라 인도하시는 구름의 동향을 발견할 수 있도록 기도하고, 또 발견한 구름의 동향대로 나아갈 수 있도록 의지와 담대함을 달라고 기도해야 할 것이다.

"이스라엘 자손이 여호와의 명령을 따라 행진하였고 여호와의 명령을 따라 진을 쳤으며 구름이 성막 위에 머무는 동안에는 그들이 진영에 머물렀고 구름이 성막 위에 머무는 날이 오랠 때에는 이스라엘 자손이 여호와의 명령을 지켜 행진하지 아니하였으며 혹시 구름이 성막 위에 머무는 날이 적을 때에도 그들이 다만 여호와의 명령을 따라 진영에 머물고 여호와의 명령을 따라 행진하였으며 혹시 구름이 저녁부터 아침까지 있다가 아침에 그 구름이 떠오를 때에는 그들이 행진하였고 구름이 밤낮 있다가 떠오르면 곧 행진하였으며 이틀이든지 한 달이든지 일 년이든지 구름이 성막 위에 머물러 있을 동안에는 이스라엘 자손이 진영에 머물고 행진하지 아니하다가 떠오르면 행진하였으니 곧 그들이 여호와의 명령을 따라 진을 치며 여호와의 명령을 따라 행진하고 또 모세를 통하여 이르신 여호와의 명령을 따라 여호와의 직임을 지켰더라"

—— 민 9:18-23

18-23절 **성도들을 최종적으로 인도하는 최상의 곳**

'광야'란 세상에 대한 모형이고, 광야는 주의 백성에게 있어서 지나가는 곳이다. 백성 각자의 뜻이 아닌 하나님의 뜻을 따라 지나가는 곳이다.

한편 백성이 적당한 간격을 두고 광야를 지난다면 수고로움과 번거로움을 피할 수가 있을 것이다. 하지만 하나님께서는 반나절, 하루, 이틀, 일 년 등 예기치 않은 상황에서 새로운 방향을 제시하셨다. 여기에 백성은 '다음 정착지는 어떤 곳일까?' 하고 긴장했을 것이다. 더욱이 백성이 하나님의 방향대로 순종했지만 르비딤과 가데스에서와 같이 인간의 생명과 밀접한 식수 문제를 만나기도 하였다. 이러하듯 순종하는 성도에게 극한 문제가 발생하기도 하는 것이 세상에서의 삶이다. 그렇지만 광야의 구름, 즉 성령께서는 성도들을 최상의 곳으로 인도하신다. 그렇다면 하나님의 영광으로 나타난 구름이 모든 성도를 최종적으로 인도하는 최상의 곳은 어디일까?

> 하나님께서는 구약시대에 구름으로 자기 백성 이스라엘을 인도하신 것 같이 신약시대에도 주의 성도들을 인도하신다. 즉 말씀으로 인도하신다. 환난에서 지키시고, 구원의 은혜로(왕상 17:3-4, 9), 또 거친 세파에서 안전하게 인도하신다(시 78:53). 언제나 최상의 길로 인도하신다(시 37:23-26). 특히 마음을 인도하여 하나님의 사랑과 그리스도의 인내에 들어가게 하신다(살후 3:5). 마침내 바른길, 즉 영원한 길로 인도하시고(시 139:24), 최종적이고 최상의 성읍인 천국에 이르게 하신다(시 139:24; 시 107:7).
>
> 따라서 우리는 성령의 구름이 천성을 향하여 우리를 인도한다는 사실을 상기하고, 환난 중에도 기뻐하고 감사하는 신앙을 잃지 말아야 할 것이다.

"곧 그들이 여호와의 명령을 따라 진을 치며 여호와의 명령을 따라 행진하고 또 모세를 통하여 이르신 여호와의 명령을 따라 여호와의 직임을 지켰더라"

민 9:23

23절　"여호와의 직임을 지켰더라"

구름의 동향을 좇았던 성도를 가리켜 본문 말미에서 "여호와의 직임을 지켰더라"라고 했다. 여기서 '여호와의 직임을 지켰더라'란 하나님께서 친히 명령하신 대로 순종하였다는 뜻이다. 여기에 본문에서는 백성이 어떠한 연유에서 구름의 동향을 좇아 순종할 수 있었는지에 대하여 다루고 있다. 그렇다면 백성이 여호와의 직임을 지킨 연유는 어디에 있을까?

하나님께서는 구름의 동향이 무엇을 의미하는지에 대해 모세에게 말씀하셨고, 모세는 이를 백성에게 알게 하였다. 그래서 본문 하반절에 백성이 "모세를 통하여 이르신 여호와의 명령을 따라 여호와의 직임을 지켰더라"라고 기록되어 있다. 이는 백성이 '주의 종 모세의 말이 곧 하나님의 말씀'이라고 믿고 순종했다는 뜻이기도 하다.

따라서 우리는 하나님께 대한 신앙의 발로에서 주의 종이 가르치고 선포한 말씀이 성도에 대한 주의 말씀이라고 믿고 적극적으로 수용하고, 순종해야 할 것이다.

10장
시내 광야에서 떠나는 이스라엘

이스라엘 백성은 시내 광야에서 일여 년 체류를 끝으로 마침내 그곳을 떠나 삼 일 길을 행진한다. 특히 하나님께서는 백성의 행진에 앞서 은나팔 규례를 통해 질서를 세우시고 백성이 광야에서 순조롭게 이동할 수 있도록 구름으로 인도하신다. 하나님께서 백성의 진영이 광야에서 순조롭게 이동할 수 있도록 배려해주신다.

"여호와께서 모세에게 말씀하여 이르시되 은 나팔 둘을 만들되 두들겨 만들어서 그것으로 회중을 소집하며 진영을 출발하게 할 것이라 나팔 두 개를 불 때에는 온 회중이 회막 문 앞에 모여서 네게로 나아올 것이요 하나만 불 때에는 이스라엘의 천부장 된 지휘관들이 모여서 네게로 나아올 것이며 너희가 그것을 크게 불 때에는 동쪽 진영들이 행진할 것이며 두 번째로 크게 불 때에는 남쪽 진영들이 행진할 것이라 떠나려 할 때에는 나팔 소리를 크게 불 것이며 또 회중을 모을 때에도 나팔을 불 것이나 소리를 크게 내지 말며 그 나팔은 아론의 자손인 제사장들이 불지니 이는 너희 대대에 영원한 율레니라 또 너희 땅에서 너희가 자기를 압박하는 대적을 치

"

러 나갈 때에는 나팔을 크게 불지니 그리하면 너희 하나님 여호와
가 너희를 기억하고 너희를 너희의 대적에게서 구원하시리라 또
너희의 희락의 날과 너희가 정한 절기와 초하루에는 번제물을 드
리고 화목제물을 드리며 나팔을 불라 그로 말미암아 너희의 하나
님이 너희를 기억하시리라 나는 너희의 하나님 여호와니라"

—— 민 10:1-10

1-10절　영적인 광야와 나팔의 의미

　하나님께서는 여러 의미를 담아 신호를 알리기 위해 은 나팔을 제
조하게 하셨다. 은 나팔은 다음과 같이 뜻을 알리기 위한 수단으로
사용되었다. 첫 번째, 백성을 소집할 때 불었다. 여기에는 나팔 2개를
동시에 불었고(3절), 소리를 올려 불지 않았다(7절). 두 번째, 각 족장
을 모이게 할 때 불었다. 여기에는 나팔 하나만을 불었다(4절). 세 번
째, 진의 행진을 위해서 불었다. 여기에는 나팔 소리를 울려 불었다(6
절). 네 번째, 전시에 나팔을 불었다. 여기에는 소리를 올려 불었다.
다섯 번째, 거룩한 절기에 나팔을 불었다. 여기에는 제물 위로 나팔을
불었다(10절). 이와 같이 이스라엘 백성은 광야에서 진행하는 동안 하
나님의 음성을 상징하는 나팔 소리에 의해 생활하였다. 그런데 성도
에게는 영적인 광야가 있고, 영적인 나팔이 있다. 그렇다면 영적으로
광야와 나팔은 각각 무엇을 의미할까?

　애굽이 불신자들과 세상에 대한 상징이라면 광야란 그리스도
의 대속을 믿는 자들이 세상에서 살 동안의 삶의 상징이다. 특
히 나팔은 하나님의 말씀에 대한 상징이다. 그런데 그 말씀이

공식적으로 선포되는 곳은 교회이다.

　따라서 우리는 담임 교역자의 양육을 통해서 영적인 광야에서의 승리를 위해 말씀의 기반을 든든히 구축해야 할 것이다.

"은 나팔 둘을 만들되 두들겨 만들어서 그것으로 회중을 소집하며 진영을 출발하게 할 것이라 나팔 두 개를 불 때에는 온 회중이 회막 문 앞에 모여서 네게로 나아올 것이요 하나만 불 때에는 이스라엘의 천부장 된 지휘관들이 모여서 네게로 나아올 것이며 너희가 그것을 크게 불 때에는 동쪽 진영들이 행진할 것이며 두 번째로 크게 불 때에는 남쪽 진영들이 행진할 것이라 떠나려 할 때에는 나팔 소리를 크게 불 것이며 또 회중을 모을 때에도 나팔을 불 것이나 소리를 크게 내지 말며 그 나팔은 아론의 자손인 제사장들이 불지니 이는 너희 대대에 영원한 율례니라 또 너희 땅에서 너희가 자기를 압박하는 대적을 치러 나갈 때에는 나팔을 크게 불지니 그리하면 너희 하나님 여호와가 너희를 기억하고 너희를 너희의 대적에게서 구원하시리라 또 너희의 희락의 날과 너희가 정한 절기와 초하루에는 번제물을 드리고 화목제물을 드리며 나팔을 불라 그로 말미암아 너희의 하나님이 너희를 기억하시리라 나는 너희의 하나님 여호와니라"

── 민 10:2-10

2-10절　백성에게 나팔이 필요한 연유

　나팔은 백성들에게 여러 신호를 알리는 수단으로 사용하기 위해 제조했다.

한편 나팔은 멍에와도 같다. 그렇다면 주의 백성에게 어떠한 연유에서 나팔이 필요할까?

세상은 영적으로 흑암이 가득한 곳이다. 또 세상에는 인본주의 사조가 주의 말씀과 대립하고 있다. 그래서 진리와 비 진리를 분별하고, 영적인 때를 알려 주는 나팔이 필요하다. 그런데 그 나팔은 교역자들이 선포한 말씀이요, 성서에 기록된 말씀이요, 기도하는 성도에게 나타내시는 주의 말씀이다.

따라서 우리는 말씀에서 성도의 삶의 동향을 인지하고 인도대로 따라갈 수 있는 신앙을 구해야 할 것이다.

"은 나팔 둘을 만들되 두들겨 만들어서 그것으로 회중을 소집하며 진영을 출발하게 할 것이라 나팔 두 개를 불 때에는 온 회중이 회막 문 앞에 모여서 네게로 나아올 것이요 하나만 불 때에는 이스라엘의 천부장 된 지휘관들이 모여서 네게로 나아올 것이며 너희가 그것을 크게 불 때에는 동쪽 진영들이 행진할 것이며 두 번째로 크게 불 때에는 남쪽 진영들이 행진할 것이라 떠나려 할 때에는 나팔소리를 크게 불 것이며 또 회중을 모을 때에도 나팔을 불 것이나 소리를 크게 내지 말며 그 나팔은 아론의 자손인 제사장들이 불지니 이는 너희 대대에 영원한 율례니라 또 너희 땅에서 너희가 자기를 압박하는 대적을 치러 나갈 때에는 나팔을 크게 불지니 그리하면 너희 하나님 여호와가 너희를 기억하고 너희를 너희의 대적에

게서 구원하시리라 또 너희의 희락의 날과 너희가 정한 절기와 초
하루에는 번제물을 드리고 화목제물을 드리며 나팔을 불라 그로
말미암아 너희의 하나님이 너희를 기억하시리라 나는 너희의 하나
님 여호와니라"

민 10:2-10

2-10절　교회에서 반드시 발견해야 하는 것

구름, 은 나팔, 법궤 등 이 모든 것은 교회와 관련한 것이고 성도들
에게 항상 있어야 할 것들이다. 특히 본문에서는 성도들이 교회에서
신앙과 관련하여 반드시 발견해야만 하는 것이 있다. 그렇다면 성도들
이 교회에서 무엇을 반드시 발견해야 할까?

성도들이 교회에서 반드시 발견해야 하는 것은 나팔소리다.
넓은 의미에서 나타나는 성도에 대한 하나님의 뜻과 좁은 의미
에서 나타나는 성도에 대한 구체적인 삶의 동향을 발견할 수 있
어야 한다. 희미한 것이 아닌 명확하게 주의 뜻을 발견해야 한
다(고전 14:8).
　따라서 우리는 말씀과 함께 우리에 대한 하나님의 비전이 우
리의 비전이 되게 해야 할 것이다.

"은 나팔 둘을 만들되 두들겨 만들어서 그것으로 회중을 소집하며 진영을 출발하게 할 것이라 나팔 두 개를 불 때에는 온 회중이 회막 문 앞에 모여서 네게로 나아올 것이요 하나만 불 때에는 이스라엘의 천부장 된 지휘관들이 모여서 네게로 나아올 것이며 너희가 그것을 크게 불 때에는 동쪽 진영들이 행진할 것이며 두 번째로 크게 불 때에는 남쪽 진영들이 행진할 것이라 떠나려 할 때에는 나팔 소리를 크게 불 것이며 또 회중을 모을 때에도 나팔을 불 것이나 소리를 크게 내지 말며 그 나팔은 아론의 자손인 제사장들이 불지니 이는 너희 대대에 영원한 율례니라 또 너희 땅에서 너희가 자기를 압박하는 대적을 치러 나갈 때에는 나팔을 크게 불지니 그리하면 너희 하나님 여호와가 너희를 기억하고 너희를 너희의 대적에게서 구원하시리라 또 너희의 희락의 날과 너희가 정한 절기와 초하루에는 번제물을 드리고 화목제물을 드리며 나팔을 불라 그로 말미암아 너희의 하나님이 너희를 기억하시리라 나는 너희의 하나님 여호와니라"

———————————————————————————————— 민 10:2-10

| 2-10절 | 두 개의 나팔 제조와 관련하여 제사장만 불었던 나팔의 영적인 의미 |

본문 2절에서 하나님께서는 은 나팔 두 개를 제조하게 하셨다. 그리고 제조한 은 나팔 두 개는 제사장들만 불게 하셨다.

한편 제사장이 백성에게 신호를 알리기 위한 수단으로 불었던 나팔은 성도에 대한 교역자들의 목양이다. 그런데 은 나팔 두 개를 제조하게 한 것은 영적으로 나팔의 부는 제사장들과 관련이 있다. 그렇다면 두 개의 은 나팔 제조와 관련하여 오직 제사장만 불었던 나팔은 영적으로 무엇을 의미할까?

당시 아론은 대제사장이었고, 아론의 두 아들 나답과 아비후는 제사장이었다. 그런데 영적인 동향을 알리는 나팔은 많은 수의 레위인 중 한 사람이 아닌 오직 제사장만 불게 하였고, 여기에 백성은 순종하며 나아갔다. 그런데 제사장은 제사직을 통해서 하나님을 섬기고 백성을 섬기는 기름부음을 받은 하나님의 종이다.

그래서 제사장만 불었던 나팔의 영적인 의미는 주의 성령의 인도와 함께 기름 부음을 받은 종들을 통해서 성도들이 나아가야 할 영적인 동향, 즉 말씀이 선포된다는 의미이다. 이리하여 하나님께서는 제사장만 불었던 은 나팔, 즉 말씀이 선포되는 일이 남용되지 않도록 하기 위해 당시 제사장에게 필요한 은 나팔만 제조하게 하셨다.

따라서 성도는 성령의 인도와 함께 기름부음을 받은 주의 종들이 선포하는 말씀의 양육을 통해서 영적인 구름의 동향을 좇아야 할 것이다.

"둘째 해 둘째 달 스무날에 구름이 증거의 성막에서 떠오르매 이스라엘 자손이 시내 광야에서 출발하여 자기 길을 가더니 바란 광야에 구름이 머무니라"

— 민 10:11-12

11-12절 하나님의 인도

본문 11절에서 "둘째 해 둘째 달 스무날에 구름이 증거의 성막에서 떠오르매"라고 했다. 이날은 이스라엘 백성이 시내 산에서의 체류 기간 11개월 5일, 또 출애굽 만 1년 1개월 5일이 되는 날이다. 이날에 하나님께서는 시내 산에서 이스라엘 백성이 떠나게 하셨다. 구름으로 시내 산에서 인도함을 받은 백성은 바란 광야(시내 반도에 위치한 넓은 사막)에서 다시 머물게 되었다(12절).

한편 하나님께서 시내 산에서 백성이 떠날 때에 바란 광야라는 목적지를 그 누구에게도 말씀하지 아니하셨다. 단지 백성은 구름의 동향을 따라 순종했을 뿐이다. 이는 하나님께 속한 자, 즉 구원받은 성도에 대한 하나님의 인도를 모형한 것이다. 그렇다면 하나님의 인도를 믿는 성도들이 감당해야 하는 것은 무엇일까?

> 구름이 성막에서 떠오를 때 제사장이 나팔을 불었고, 백성은 구름의 동향대로 따라갔다. 그렇지만 주의 종을 비롯하여 백성 중 그 누구도 구름의 도착지점을 알지 못한 채 인도함을 받았다. 그런데도 백성이 나팔과 함께 일어나 구름의 동향을 좇았을 때 시내 산을 벗어나 하나님께서 의도하신 바란 광야로 인도함을 받았다. 여기에서 방점은 '나팔과 함께 일어나서 구름의 동향을 좇았다'라는 것이다.
>
> 따라서 말씀에 순종하는 성도가 항상 하나님의 최선의 인도를 받는 사실을 인지하고 성막, 즉 교회에서 기름부음 받은 종들이 선포하는 말씀에 순종해야 할 것이다.

"이스라엘 자손이 시내 광야에서 출발하여 자기 길을 가더니 바란 광야에 구름이 머무니라"

———————————————————————— 민 10:12

12절 바란 광야로의 인도

하나님께서는 출애굽한 이스라엘 백성을 시내 산으로 인도하셨다. 이곳에서 약 11개월 머무는 동안 이스라엘 백성은 하나님으로부터 성민의 삶을 위한 계명과 율법을 받는다. 특히 이곳에서 하나님께서는 모세에게 계시하신 대로 성막 건립과 제사 제도를 확립하게 하신 후에 출애굽 만 일 년 만에 시내 산을 떠나게 하셨다.

한편 증거의 성막에 구름이 떠오르고, 제사장의 나팔소리와 함께 시내 산을 떠나게 된 백성은 '가나안 땅으로 인도하면 얼마나 좋을까?' 하고 기대했을지 모른다. 하지만 하나님께서는 그들을 곧바로 가나안 땅으로 인도하지 아니하셨고, 바란 광야로 인도하셨다. 때가 차서 가나안 땅으로 인도함을 받기까지 구름이 떠오를 때마다 그들이 항상 인도받은 곳은 광야 어느 지점이었다. 그렇다면 여기에서 성도에게 시사하는 것은 무엇일까?

성도가 세상에서 사는 동안 여러 환경의 변화를 겪는다. 취약한 경제 환경이 풍요로워지기도 하고, 잃어버린 건강이 회복되기도 하고, 여러 모양의 불안정한 환경이 안정적으로 변하기도 한다. 반면 긍정적인 좋은 환경에서 오히려 퇴보하여 부정적인 환경으로 전락하기도 한다. 그렇지만 영적으로 바라본 세상은 제아무리 선망하는 환경을 누리고 살더라도 그 삶이 광야라는 점에서 동일하다. 제아무리 선망하는 환경 가운데 있다 하더라도 세상에서의 삶은 광야라는 점이 동일하다.

따라서 우리는 상황을 막론하고 항상 감사하는 생활을 하고, 머지않아 우리에게 펼쳐질 하나님의 나라를 생각하고, 기회 있는 대로 나누며, 착한 일을 일상화해야 할 것이다.

"이와 같이 그들이 여호와께서 모세에게 명령하신 것을 따라 행진하기를 시작하였는데 선두로 유다 자손의 진영의 군기에 속한 자들이 그들의 진영별로 행진하였으니 유다 군대는 암미나답의 아들 나손이 이끌었고 잇사갈 자손 지파의 군대는 수알의 아들 느다넬이 이끌었고 스불론 자손 지파의 군대는 헬론의 아들 엘리압이 이끌었더라"

———————————— 민 10:13-16

13-16절　최종 지휘권자

이스라엘 자손은 출애굽 제2년 20일 여호와께서 모세에게 명령하신 대로 시내 광야를 떠났다. 즉 이스라엘 자손이 이스라엘의 열두 지파 중에서 유다 자손의 진영의 군기에 속한 자들이 그들의 진영별로 행진하였다. 유다 자손을 필두로, 유다 군대는 암미나답의 아들 나손이, 잇사갈 자손 지파의 군대는 수알의 아들 느다넬이, 스불론 자손 지파의 군대는 헬론의 아들 엘리압이 이끌었다. 특히 유다 지파와 함께 유숙하던 선발대의 깃발이 지휘권의 표시가 되었다.

그런데 선두에서 유다 자손의 진영의 깃발이 이스라엘 자손을 지휘하는 표가 되었다. 이는 영적으로 이스라엘 모든 지파에 대한 지휘권이 유다 지파에게 맡겨졌다는 뜻으로, 복음 안에서 확장된 최종적인 지휘권자를 예표하기도 한다. 그렇다면 본문에 나타난 최종적으로 위임된 지휘권자는 누구에 대한 예표일까?

최종적으로 위임된 지휘권자는 유다 지파의 혈통에서 탄생하신 예수 그리스도시다. 그리스도께서는 구원받은 성도들의 인도를 위해 최종적으로 위임되셨다.

따라서 성도를 인도하는 지휘권을 가지고 우리를 인도하시는 주의 성령께 감사하며 순종해야 할 것이다.

"이에 성막을 걷으매 게르손 자손과 므라리 자손이 성막을 메고 출발하였으며"

———————————————————————————— 민 10:17

17절　이스라엘 자손 중 두 번째로 출발한 게르손과 므라리 자손

이스라엘 진영 중 레위 지파의 두 집안, 즉 게르손 자손과 므라리 자손은 성막을 걷은 후에 두 번째로 출발하였다(4:21-33절). 그런데 게르손과 므라리 자손은 고핫 자손보다 먼저 출발하였다(21절). 그렇다면 성막을 걷는 일을 맡은 게르손과 므라리 자손이 고핫 자손보다 먼저 출발한 연유는 어디에 있을까?

고핫 자손은 성막 안에서 성소와 지성소의 성물과 번제단과 그에 관련한 부속 성물을 운반하였다. 특히 고핫 자손은 영적으로 심오한 의미의 성물과 비교적 무거운 성물을 운반하였다(4:1-20). 그래서 게르손과 므라리 자손은 인도하는 구름이 멈출 때 고핫 자손이 도착하기 전에 미리 성막을 세워 성소와 지성소의 성물을 정한 곳에 안치할 수 있도록 준비를 마쳤다.

따라서 우리는 주의 모든 사역에 하나님의 지혜를 좇고 또 하나님의 지혜가 우리를 치밀하게 인도해 주시도록 항상 주를 의탁해야 할 것이다.

"선두로 유다 자손의 진영의 군기에 속한 자들이 그들의 진영별로 행진하였으니 유다 군대는 암미나답의 아들 나손이 이끌었고 잇사갈 자손 지파의 군대는 수알의 아들 느다넬이 이끌었고 스불론 자손 지파의 군대는 헬론의 아들 엘리압이 이끌었더라 이에 성막을 걷으매 게르손 자손과 므라리 자손이 성막을 메고 출발하였으며 다음으로 르우벤 진영의 군기에 속한 자들이 그들의 진영별로 출발하였으니 르우벤의 군대는 스데울의 아들 엘리술이 이끌었고 시므온 자손 지파의 군대는 수리삿대의 아들 슬루미엘이 이끌었고 갓 자손 지파의 군대는 드우엘의 아들 엘리아삽이 이끌었더라 고핫인은 성물을 메고 행진하였고 그들이 이르기 전에 성막을 세웠으며 다음으로 에브라임 자손 진영의 군기에 속한 자들이 그들의 진영별로 행진하였으니 에브라임 군대는 암미훗의 아들 엘리사마가 이끌었고 므낫세 자손 지파의 군대는 브다술의 아들 가말리엘이 이끌었고 베냐민 자손 지파의 군대는 기드오니의 아들 아비단이 이끌었더라 다음으로 단 자손 진영의 군기에 속한 자들이 그들의 진영별로 행진하였으니 이 군대는 모든 진영의 마지막 진영이었더라 단 군대는 암미삿대의 아들 아히에셀이 이끌었고 아셀 자손 지파의 군대는 오그란의 아들 바기엘이 이끌었고 납달리 자손 지파의 군대는 에난의 아들 아히라가 이끌었더라 이스라엘 자손이 행진할 때에 이와 같이 그들의 군대를 따라 나아갔더라"

—————————————————————————————— 민 10:14-28

14-28절 성도들에 대한 기록

신·구약 성서에는 신앙의 위인들의 행적이 기록되어 있다. 본문 14-28절까지는 이스라엘 자손이 진행할 때, 각 지파의 군대를 이끌었던 수장들의 이름이 기록되어 있다. 이 기록은 성도들에 대한 기록의 예표이기도 한다. 그렇다면 하나님께서는 성도들에 대해서 무엇을 기록하실까?

하나님께서는 생명의 책에 주 보혈의 권세로 구원받은 성도 개개인에 대한 이름과 신앙생활의 행적을 기록하신다. 그리하여 하나님께서 최종적으로 인류를 심판하실 때에 당신의 책에 기록하신 대로 구원과 상급과 영벌을 주관하신다(계 20:11-15).

따라서 우리는 십자가의 무게가 힘겹게 느껴질 때도 주의 성령의 능력에 의지하여 주의 뜻을 좇아야 할 것이다.

> "모세가 모세의 장인 미디안 사람 르우엘의 아들 호밥에게 이르되
> 여호와께서 주마 하신 곳으로 우리가 행진하나니 우리와 동행하자
> 그리하면 선대하리라 여호와께서 이스라엘에게 복을 내리리라 하
> 셨느니라"
>
> ———————————————————————————— 민 10:29

29절 조화로운 신앙생활

호밥은 모세의 처남으로(십보라의 오빠), 미디안 거주자로 광야의
지리적인 특성과 생활에 대하여 잘 알고 있었다. 그런데 모세는 하나
님께서 구름으로 이스라엘 자손을 인도하셨음에도 호밥에게 동행할
것을 부탁하였다. 여기에는 하나님께서 기뻐하시는 조화로운 신앙생
활의 의도가 깔려 있다. 그렇다면 모세가 광야 지리와 특성을 잘 알고
있는 호밥에게 동행을 요청한 것에 대한 조화로운 신앙생활은 어떤 것
일까?

하나님께서 광야에서 구름으로 백성을 인도하셨듯이 주의 성
령께서 광야 같은 세상에서 주의 백성, 주의 자녀들을 인도하신
다. 그렇지만 모세는 광야의 지리와 특성을 잘 알고 있던 호밥
에게 도움을 요청했다. 이는 주의 성령의 주도 아래 이루어지는
신앙생활에 있어서 인간의 모든 지혜와 재능이 최대한 활용되어
야 한다는 뜻이다.

따라서 우리는 소유한 것들로 주의 나라와 의를 구하는데 선
용할 수 있어야 할 것이다.

"모세가 모세의 장인 미디안 사람 르우엘의 아들 호밥에게 이르되
여호와께서 주마 하신 곳으로 우리가 행진하나니 우리와 동행하자
그리하면 선대하리라 여호와께서 이스라엘에게 복을 내리리라 하
셨느니라"

—— 민 10:29

29절　호밥에게 선대하겠다는 것의 뜻

모세는 "여호와께서 주마 하신 곳으로"라고 하며 호밥에게 가나안
땅의 행선지를 밝혔다. 또 모세는 그에게 동행을 요청하면서 "그리하
면 선대하리라"라고 하였다. 본문 마지막 절에서는 "여호와께서 이스
라엘에게 복을 내리리라 하셨느니라"라고 하였다. 그런데 "주마" 하신
곳 즉 가나안 땅과 선대한다는 것과 여호와 하나님께서 이스라엘에게
복을 내리는 것은 호밥과 관련한 말이다. 특히 호밥과 관련한 것은
호밥이 이스라엘 자손과 동행했을 때를 전제한 것이다. 그렇다면 모세
가 호밥에게 선대하겠다는 말의 뜻은 무엇일까?

모세는 "여호와께서 이스라엘에게 복을 내리리라"라고 하신
약속의 근거로 인해 호밥에게 동행하자고 부탁할 수 있었다. 이
는 이스라엘이 가나안의 기업을 차지할 때에 호밥과 그것을 함
께 나누겠다는 것으로, 호밥을 선대하겠다는 것이다.

따라서 천성을 향하여 진행하는 우리는 영적으로 선대할 자,
즉 주의 기업을 확장할 많은 자들이 합류하도록 선교적인 동기
를 제공할 수 있어야 할 것이다.

"호밥이 그에게 이르되 나는 가지 아니하고 내 고향 내 친족에게로
가리라"

— 민 10:30

30절　모세의 요청을 거절한 호밥에게 부족한 것

호밥은 자신의 본토에 대한 애착 때문에 모세의 요청에 거절하고
"내 고향 내 친족에게로 가리라"라고 한다. 하지만 호밥이 하나님의
약속과 언약을 통한 축복의 진가를 알았다면 이러한 거절을 하지 않
았을 것이다. 더군다나 호밥은 아브라함의 후손이었다(창 25:1-4). 그
렇지만 그는 아브라함의 신앙에 미치지 못했다(히 11:8). 그렇다면 호
밥이 결정적으로 언약 백성과 동행하지 아니하고 자기 고향으로 돌아가
겠다고 한 것은 호밥에게 무엇이 부족하다는 것일까?

아브라함과 이삭과 야곱이란 말은 혈통의 계대를 뜻하기도 하
지만 가나안 땅을 계승할 자를 뜻하기도 한다. 즉 이는 아브라
함의 신앙의 계승자를 뜻하기도 한다. 그런데 호밥은 아브라함
의 후손임에도 언약 백성과 동행하는 것보다 고향과 친족에게로
돌아가겠다고 했다. 이는 신앙교육이 부족함으로 호밥이 언약
백성의 진가를 알지 못했기 때문이다.

한편 광야의 지리적인 특성에 대한 지식을 가진 호밥은 언약
백성을 위한 달란트를 가졌다고 할 수 있다. 또 호밥이 고향과
친족으로 돌아가겠다고 한 것은 호밥이 달란트를 가졌음에도 언
약 백성과 나누지 않고 사장시킨 것의 예표다. 신앙이 없는 자
는 주의 영광을 위해서 아름다운 달란트를 사용할 수 없고, 사

장된다는 뜻이다.

따라서 우리는 천국의 상속자로서 소유한 것들을 가지고 하나님의 나라와 의를 구하고 언약 백성을 위해 사용할 수 있어야 할 것이다.

"호밥이 그에게 이르되 나는 가지 아니하고 내 고향 내 친족에게로 가리라"

— 민 10:30

30절　모세의 요청을 거절한 호밥의 신앙의 부재

은혜는 당장 육안으로 식별되지 않지만 세상에 속한 것은 인간의 본능을 만족하게 한다. 그래서 호밥에게 있어서 광야의 거친 여행보다 고향과 자기 집이 안정된 곳이었을 것이다. 그래서 호밥의 사례는 당시의 정황뿐만 아니라 항상 인류의 문제이기도 하다. 그렇다면 인류가 또 성도들이 약속 있는 은혜를 선택할 수 있는 대안은 무엇일까?

영적인 가치, 즉 하나님과 천국에 대한 절대적인 가치를 알아야 한다. 이는 주의 성령께서 빛으로 역사하셔서 성경을 깨닫게 하시는 은혜와 신령한 것을 지향할 수 있는 믿음을 주셔야만 가능하다(히 11:1).

따라서 우리는 지나가고 소멸할 수밖에 없는 세상 것을 구하기 위해 영적인 가치를 구하는 기회를 잃지 말아야 한다.

"모세가 이르되 청하건대 우리를 떠나지 마소서 당신은 우리가 광야에서 어떻게 진 칠지를 아나니 우리의 눈이 되리이다 우리와 동행하면 여호와께서 우리에게 복을 내리시는 대로 우리도 당신에게 행하리이다"

민 10:31-32

31-32절　모세가 호밥에게 요청한 일에 대한 것

언약 백성과 동행하고 그 백성을 돕는다는 것은 호밥이 하나님께 빚을 지우는 일인 동시에 자신에게도 큰 은총이 된다. 하지만 호밥은 모세의 요청에 응하지 아니하고 미디안 땅 자기 친족에게로 돌아가겠다고 했다. 모세는 그런 호밥에게 또다시 동행하자고 요청한다. 특히 본문 31절 중반절 이하에서 "우리가 광야에서 어떻게 진 칠지를 아나니 우리의 눈이 되리이다"라고 한다. 이는 호밥이 광야 지리에 익숙한 연고로 이스라엘 자손이 용이하게 길을 갈 수 있도록 도움을 줄 수 있다는 뜻이다. 그리고 본문 32절에서는 호밥이 순종했을 때 나타낼 상급에 대한 말씀이다. 그렇다면 31절에서 모세가 호밥에게 요청한 일에 대한 것을 일컬어 무엇이라고 할까?

모세가 호밥에게 요청한 것은 언약 백성을 위한 사명이다. 즉 호밥이 광야 지리에 대한 지식을 활용하여 언약 백성이 광야 길을 순탄하게 진행할 수 있도록 도움을 주는 역할이었다. 이는 호밥의 사명이고, 또 사명 감당에는 상급이 따른다.

따라서 주의 지체인 우리는 호밥같이 우리를 필요로 하는 일에 대해 맡겨진 사명으로 수용하고 그 일을 기쁘게 감당해야 할 것이다.

"그들이 여호와의 산에서 떠나 삼 일 길을 갈 때에 여호와의 언약
궤가 그 삼 일 길에 앞서 가며 그들의 쉴 곳을 찾았고"

———————————————————————————— 민 10:33

33절 백성보다 언약궤를 앞세워 진행하게 한 것

"이스라엘 자손이 여호와의 산에서 떠나 여호와의 언약궤가 그 삼
일 길에 앞서 가며 그들의 쉴 곳을 찾았고"라고 하였다. 특히 고핫 자
손이 백성보다 앞서 언약궤는 메고 진행하였다. 이는 이스라엘 자손
이 깃대를 보고 진행하는 것과 같은 것이었고, 천성을 향하여 진행하
는 성도가 반드시 앞세워야 할 것을 가리킨다. 그렇다면 백성보다 언
약궤를 앞세워 진행하게 한 것은 영적으로 무엇을 의도할까?

천성은 오직 하나님의 말씀과 함께 가는 길이다. 특히 본문에
서 언약궤를 백성의 진행보다 앞서게 했다. 이는 천성으로 가는
길의 깃대가 하나님의 말씀이기 때문이다.

따라서 우리는 천성으로 향하는 자들의 약도인 하나님의 말씀
을 제쳐두고 인간의 이상을 좇지 말아야 할 것이다.

또 우리는 말씀을 가진 성도만이 그 말씀을 실천하고 천국의
이상을 이루며 천성 길을 제대로 갈 수 있음을 인지하고 말씀
있는 신앙생활을 해야 할 것이다.

"그들이 여호와의 산에서 떠나 삼 일 길을 갈 때에 여호와의 언약
궤가 그 삼 일 길에 앞서 가며 그들의 쉴 곳을 찾았고"

———————————————————————————— 민 10:33

33절　언약궤를 도외시한 성도

언약궤는 하나님의 통치와 임재를 상징한다. 그런데 이스라엘 백성
들은 언약궤의 움직임에 따라 그들의 행동을 정했다.

한편 오늘날에도 하나님의 백성은 언약궤, 즉 말씀의 움직임에 따
라 순종해야 한다. 그렇지만 주의 성도 중에는 언약궤를 도외시한 자
들이 더러 있다. 그렇다면 어떠한 성도를 가리켜 언약궤를 도외시한다
고 할까?

성경에는 성도가 실천해야 할 말씀들이 기록되어 있다. 그래
서 성경, 즉 주의 말씀을 좇지 아니하고 자기 생각과 세상 풍조
를 좇는 자들을 가리켜 성서, 즉 언약궤를 도외시한다고 하는
것이다.

따라서 우리는 신앙생활의 유지와 성장과 맞물려 있는 말씀이
우리 삶의 중심이 되도록 말씀을 실천해야 할 것이다.

"그들이 진영을 떠날 때에 낮에는 여호와의 구름이 그 위에 덮였었
더라"

———————————————————————— 민 10:34

34절 구름의 사역

이스라엘 자손이 시내산을 떠날 때, 낮에는 여호와의 구름이 임하
였다. 여기서 여호와의 구름이란 하나님의 임재의 상징이다. 특히 구
름은 가까이에 있는 사람들에게 그늘이 되어 새로운 기운을 북돋아
주었고, 멀리 떨어져 있는 사람들에게는 안내자 역할을 했다.

한편 출애굽한 백성에게 하나님의 영광의 임재와 보호와 인도를 나
타낸 구름의 사역은 오늘날에도 이스라엘 자손에게 역사했듯이 교회
와 주께 의존된 성도들에게 역사 한다. 그렇다면 오늘날에도 역사하는
구름의 사역은 무엇일까?

오늘날에도 역사하는 구름의 사역은 성령의 사역이다. 주의
성령께서는 주께 의존하여 섬기는 성도들을 보호하시고, 또 성
도들을 푸른 초장과 쉴만한 물가로 인도하신다.

따라서 우리는 성령의 위로와 보호와 인도하시는 성령의 사역
에 의존하여 은혜 있는 신앙생활을 해야 할 것이다.

"궤가 떠날 때에는 모세가 말하되 여호와여 일어나사 주의 대적들을
흩으시고 주를 미워하는 자가 주 앞에서 도망하게 하소서 하였고"
—— 민 10:35

35절 "여호와여 일어나사"에서 가리키는 대상과 본문의 기도의 연유

모세는 궤가 떠날 때 "여호와여 일어나서 주의 대적들을 흩으시고
주를 미워하는 자가 주 앞에서 도망하게 하소서"라고 기도한다. 특히
모세는 본문에서 "여호와여 일어나사"라고 한다. 그런데 모세는 본문
의 그 무엇과 동일시하며 "여호와여 일어나사"라고 기도하였다. 그렇
다면 본문에서 무엇을 가리켜 "여호와여 일어나사"라고 했으며, 또 본문
의 기도가 필요했던 연유는 어디에 있을까?

"여호와여 일어나사"에서 가리키는 것은 법궤다. 즉 모세는
말씀과 하나님을 동일시하며 이같이 묘사했다(요 1:1).

또 당시 이스라엘은 가나안 적국을 향하여 전진하는 하나님의
군대였다. 그래서 모세는 하나님을 믿지 아니한 대적들을 가리
켜 "주를 미워하는 자"라고 했고, 성민의 승리를 위하여 기도를
드렸다.

한편 사탄 마귀가 우는 사자같이 두루 다니며 삼킬 자, 즉 성
도를 찾는다(벧전 5:8).

따라서 천국의 모형, 즉 가나안을 향해 가는 우리는 천성에
이르기까지 항상 긴장을 풀지 말고, 무엇보다 먼저 말씀을 실천
하고, 기도를 병행할 수 있어야 할 것이다(엡 6:10-18).

"궤가 쉴 때에는 말하되 여호와여 이스라엘 종족들에게로 돌아오
소서 하였더라"

———————————————————————— 민 10:36

36절　법궤와 관련하여 백성이 안식할 수 있는 상황

모세는 본문에서 궤가 쉴 때는 다음과 같이 기도를 드렸다. "여호
와여 이스라엘 종족들에게로 돌아오소서"라고 기도했다. 이는 하나님
께서 이스라엘 백성과 함께하시므로 백성이 다시 안식하게 해 달라는
뜻이다. 그런데 법궤, 즉 말씀은 백성의 안식과 상호 관련이 있다. 그
렇다면 어떠한 상황에서 법궤와 관련하여 백성이 안식할 수 있을까?

하나님의 말씀은 순종하는 자에게 안식과 축복이지만 불순종
하는 자에게는 대적과 징벌, 즉 심판이 된다. 이 때문에 법궤와
관련하여 백성이 안식할 수 있는 상황은 주의 백성, 즉 주의 자
녀들이 말씀에 따라 순종하는 상황이다.

따라서 안식, 즉 평안을 소망하는 우리는 항상 말씀이 있는
실천적인 생활을 통해서 하나님께 영광을 돌려야 할 것이다.

11장

메추라기 이적과 모세를 보좌할 70인 장로 선발

성막의 건립과 제사 제도의 확립 직후, 백성은 본격적으로 광야 여정을 진행하였다. 하지만 만나에 싫증 난 백성들이 먹을거리 문제로 하나님과 모세를 원망하고(출 16:2, 3; 민 21:4, 5) 이에 대해 하나님께서는 메추라기를 보내심으로 그들의 원망을 잠재우셨다.

한편 본장 중간에는 지도자 모세를 보좌할 70인 장로가 선택되는데, 이 제도는 훗날 유대 최고 의결기관인 산헤드린(공회)의 기원이 된다.

> "여호와께서 들으시기에 백성이 악한 말로 원망하매 여호와께서 들으시고 진노하사 여호와의 불을 그들 중에 붙여서 진영 끝을 사르게 하시매"
>
> —— 민 11:1

1절　구원을 멸시한 것의 적용

이스라엘 자손은 시내산을 떠나 시내 광야 남동쪽 다베라에 진을 쳤다. 그런데 이곳에서 이스라엘 자손이 주의 구원을 멸시하는 악한 말로 하나님을 원망하였고, 여호와께서는 백성의 원망의 소리를 들으시고 진노하셨다. 그렇다면 주의 구원을 멸시했다는 것의 적용은 무엇일까?

하나님께서는 영적인 의도대로 택하신 이스라엘 자손을 인도하신다. 즉 주의 대속의 복음의 모형인 출애굽, 인본주의의 삶이 아닌 성도의 삶의 모형인 광야에서의 삶, 천국의 모형인 가나안의 입성으로 인도하신다.

한편 애굽은 불신자들과 인본주의 삶이 가능한 세상에 대한 모형인 반면, 광야는 주의 구원받은 성도가 인본주의와 세속주의를 떠나 주의 말씀을 실현하며 천성을 향해 나아가는 신앙의 영역이다. 그렇지만 주의 구원을 멸시하는 자는 성도의 삶, 즉 주의 구원에 대한 감사, 말씀의 순종, 천국의 가치를 도외시하고, 인본주의, 세속주의, 인간의 정욕을 좇는데 가치를 둔다.

따라서 우리는 하나님의 사랑과 주의 대속을 믿는 신앙의 발로에서 항상 말씀을 실천하여 성도의 삶을 실현해 나가야 할 것이다.

"여호와께서 들으시기에 백성이 악한 말로 원망하매 여호와께서 들으시고 진노하사 여호와의 불을 그들 중에 붙여서 진영 끝을 사르게 하시매"

———————————————————————— 민 11:1

1절 원망하는 마음 상태

성서에서 원망은 죄의 결과로 나타나 있다(창 3:12-13). 또 하나님께서는 원망하는 자를 반드시 징벌하신다(고전 10:10; 약 5:9). 이 때문에 성도는 원망하지 말아야 하고 원망들을 만한 일을 하지 말아야 한다(마 5:22-24). 그런데 원망은 잘못된 마음 상태에서 비롯된다. 그렇다면 원망하는 마음 상태는 어떤 것일까?

하나님께서 성도를 세상에서 불러내신 의도는 구원을 위해 사죄의 은총을 베풀어 주시고, 성령의 능력으로 거룩한 삶, 즉 거룩한 인격을 이루고, 결국 하나님의 나라의 상속자가 되게 하시기 위함이다. 하지만 하나님을 원망하고 무엇이든지 원망하는 자는 항상 세속적인 것 때문에 원망한다. 욕망을 이룰 수 없거나 자신의 의도대로 가질 수 없고 이룰 수 없는 것 때문에 원망한다. 세속에 치우친 나머지 말씀의 통제를 수용하지 아니한 상태에서 원망한다.

따라서 우리는 원망하지 아니하려면 성령의 능력으로 세속주의 인본주의, 인간의 정욕에 치우친 마음을 극복해야 할 것이다.

"여호와께서 들으시기에 백성이 악한 말로 원망하매 여호와께서 들으시고 진노하사 여호와의 불을 그들 중에 붙여서 진영 끝을 사르게 하시매 백성이 모세에게 부르짖으므로 모세가 여호와께 기도하니 불이 꺼졌더라 그 곳 이름을 다베라라 불렀으니 이는 여호와의 불이 그들 중에 붙은 까닭이었더라"

───────────────────────────────────── 민 11:1-3

1-3절 진영 끝을 사르신 것의 적용

하나님을 원망하는 이스라엘 자손의 악한 소리를 들으신 하나님께서는 여호와의 불을 그들 중에 붙여서 진영 끝을 사르셨다. 그렇다면 하나님께서 원망하는 백성의 진영 끝을 사르신 것은 무엇에 대한 적용이 될 수 있을까?

여기서 '불'이란 징벌로서 심판을 나타낸다. 이 때문에 죄가 범람한 소돔과 고모라 성이 유황불의 심판을 받았고, 하나님께서 명령하지 않았던 다를 불로 제사직을 수행하려고 했던 나답과 아비후가 여호와의 불의 징계로 유명을 달리했다. 더욱이 여호와의 불은 종말에 세상을 심판하신다(벧후 3:12; 계 20:14-15).

한편 본문에서 이스라엘 자손이 주 하나님께 감사하지 아니하고 원망했을 때 진영 끝에서 심판의 불이 천막을 사르기 시작했다. 이는 신앙의 공동체 안에서도 심판받을 자가 있다는 사실을 인정해야 한다.

따라서 우리는 하나님께서 은혜 베풀어 주시도록, 신앙이 생활이 될 수 있도록 믿음을 실천해야 할 것이다.

"그 곳 이름을 다베라라 불렀으니 이는 여호와의 불이 그들 중에
붙은 까닭이었더라"

———————————————————————— 민 11:3

3절　징계를 기억해야 하는 연유

백성이 하나님을 원망하자, 여호와의 불이 백성의 진영 끝을 살랐
고, 모세가 문제 해결을 위해 기도하자, 진영 끝의 불은 꺼졌다. 그런
데 본문에서는 하나님을 원망하는 일로 불사름의 징계를 기억하기 위
해 그곳을 '불붙다'라는 뜻의 '다베라'로 지명하였다(신 9:22).

한편 성도는 하나님께서 복 주신 것뿐만 아니라 징계하신 일까지도
기억해야 한다. 그렇다면 어떠한 연유에서 징계받은 일들을 기억해야
할까?

연약한 인간은 죄 때문에 징계를 받았음에도 다시 동일한 죄
를 범할 가능성이 있다.

따라서 진리를 좇고자 하는 우리는 징계 받았던 일들을 기억
하고 경고를 받아야 할 것이다.

"그들 중에 섞여 사는 다른 인종들이 탐욕을 품으매 이스라엘 자손도
다시 울며 이르되 누가 우리에게 고기를 주어 먹게 하랴"

———————————————————————— 민 11:4

하나님께서는 이스라엘 자손의 출애굽을 위해, 애굽에서 큰 능력을 나타내셨습니다. 애굽 백성 중 여호와의 능력을 목도한 자들이 이스라엘 자손의 출애굽 대열에 합류했는데 본문에서는 그들을 가리켜 "그들 중에 섞여 사는 다른 인종들"이라고 묘사하였다.

한편 이스라엘 자손 중에 섞여 사는 다른 인종, 즉 이방인들이 환경이 핍절한 광야 길을 즐거워하지 아니했다. 그래서 그들이 광야 길을 악평했는데, 여기에 이스라엘 자손이 하나님을 원망하였다. 특히 본문에는 이방인들이 "탐욕을 품으매"라고 했다. 여기에는 이방인들이 이스라엘의 출애굽 대열에 합류한 의도가 잘 나타나 있다. 즉 이스라엘 자손과 이방인들은 가나안을 추구하는 의도가 엇갈렸다. 그렇다면 이스라엘 자손과 이방인들은 각각 어떠한 의도에서 가나안을 지향했을까?

이스라엘 자손에게 있어서 가나안 땅은 약속의 땅이었다. 그래서 그들은 약속받은 자들로서 가나안을 지향하였다. 하지만 이스라엘 중에 섞여 사는 다른 인종, 즉 이방인들은 애굽에서 이스라엘 자손의 구원을 위해 능력으로 역사하시는 하나님의 경이로움을 보고 약속의 땅을 지향한 것이 아니라 오직 그들의 탐심을 채우고자 출애굽한 이스라엘 자손의 대열에 합류했다. 특히 그들은 신앙의 가치가 아닌 현세주의자, 즉 기복주의자들로서 이스라엘 자손의 신앙생활을 훼방한 자들이었다.

따라서 우리는 기복주의가 온전한 신앙의 성취를 훼방하는 시험이 된다는 사실을 인지하고 항상 주의 말씀을 좇아야 할 것이다.

"우리가 애굽에 있을 때에는 값없이 생선과 오이와 참외와 부추와
파와 마늘들을 먹은 것이 생각나거늘 이제는 우리의 기력이 다하
여 이 만나 외에는 보이는 것이 아무 것도 없도다 하니"

—— 민 11:5-6

5-6절　의식주와 내부의 문제

하나님께서는 이스라엘 자손이 광야 길을 이겨낼 수 있도록 하늘에
서 만나를 내려주셨다. 그런데 그들은 하나님께서 공급해 주시는 것
보다 더 맛있는 음식, 즉 고기, 생선, 오이, 참외, 부추, 파, 마늘 등의
음식을 그리워했고, 울면서 하나님과 모세를 원망했다. 그런데 그들은
두 가지 연유에서 하나님을 원망했다. 그중 하나는 의식주의 문제이고,
또 하나는 내부에서 기인한 것이다. 그렇다면 이스라엘 자손이 의식주
와 내부에서 기인한 문제로 하나님을 원망하게 된 원인은 무엇일까?

이스라엘 자손은 하나님께서 택하신 구별된 백성이다. 이 때
문에 그들은 지상 만민 중에서 구별된 자의 삶, 즉 하나님께서
인도하시는 성민의 삶을 추구해야 한다. 하지만 그들은 성민 의
식주가 부족하여 가혹했던 노예 생활에서 구원을 성취하신 하나
님의 은혜는 생각지 아니하고, 그곳에서의 음식을 떠올리며 하
나님을 원망했다. 또 하나님을 원망한 내부의 문제는 그들이 하
나님의 성민임에도 변화를 시도하지 아니하고, 악한 본성을 좇
고 욕심에 사로잡혀 하나님께서 제시하신 만나를 멸시하고, 애
굽의 음식을 그리워했다.

따라서 진리와 하나님의 나라를 추구하는 우리는 오히려 성령

의 기쁨과 능력으로 불만족스럽고 불안한 이 세상을 극복해야
할 것이다.

"우리가 애굽에 있을 때에는 값없이 생선과 오이와 참외와 부추와
파와 마늘들을 먹은 것이 생각나거늘 이제는 우리의 기력이 다하
여 이 만나 외에는 보이는 것이 아무 것도 없도다 하니"

—— 민 11:5-6

5-6절　값없이 먹은 음식

이스라엘 자손은 하나님께서 내려주신 만나 외 아무것도 없는 '광
야'라는 현실을 발견하고 "애굽에 있을 때"라고 하며 애굽에서의 삶을
그리워했다. 더욱이 그들은 본문에서 열거한 음식들을 "값없이 먹었
다"고 탄식하며 하나님께서 인도하신 '광야'라는 현실을 멸시하며 애굽
의 삶을 그리워했다. 그렇다면 이스라엘 자손이 본문에서 열거한 음식
을 값없이 먹었을까?

이스라엘 자손은 본문에서 열거한 음식을 값없이 먹지 않았
다. 그들은 애굽의 바로에게 자유를 박탈당하고, 바로와 그의 세
력들의 통제 아래 중노동의 값비싼 희생을 치르며 겨우 목숨만
을 유지하였다. 그런데도 그들이 과거를 그리워한 것은 발견된
땅, 즉 세상에 집착하고 아직 발견되지 아니한 땅, 가나안 땅에
대한 기대가 없었기 때문이다.

> 따라서 우리는 현세의 모든 어려운 상황을 극복할 수 있을 만큼 천국에 대하여 충천한 기대가 있어야 할 것이다.

"이제는 우리의 기력이 다하여 이 만나 외에는 보이는 것이 아무것도 없도다 하니 만나는 깟씨와 같고 모양은 진주와 같은 것이라 백성이 두루 다니며 그것을 거두어 맷돌에 갈기도 하며 절구에 찧기도 하고 가마에 삶기도 하여 과자를 만들었으니 그 맛이 기름 섞은 과자 맛 같았더라 밤에 이슬이 진영에 내릴 때에 만나도 함께 내렸더라"

—— 민 11:6-9

6-9절　백성의 신앙의 실태

'만나'라는 말은 히브리어 〈만〉에서 나온 말인데, '이것이 무엇이냐'라는 뜻이 있다. 본문 7절에서 "만나는 깟씨와 같고 모양은 진주와 같다"라고 한다. 여기서 '깟씨'란 미나리과 고수풀 씨로, 색상은 진줏빛처럼 은은하고 모래알 크기 정도로 추정된다. 특히 씨앗처럼 생긴 만나는 본문 8절 말씀과 같이 다양한 요리를 할 수 있었다. 즉 맷돌에 갈기도 하고, 절구에 찧기도 하고, 가마에 삶기도 하였는데, 그 맛은 기름 섞은 과자 맛 같았다.

한편 성경의 묘사에서 만나는 분명 훌륭한 음식이었다는 것을 알

수 있다. 그런데도 이스라엘 자손은 애굽에서의 식생활을 그리워하며 "이제는 우리의 기력이 다하여 이 만나 외에는 보이는 것이 아무것도 없도다"라고 하며 불평하였다. 이같이 이스라엘 자손은 하나님께서 하늘에서 내려주신 만나보다 애굽에서 먹었던 음식을 더 선호하였다. 그렇다면 만나를 싫어하고 애굽의 음식을 더 선호한 백성의 신앙의 실태는 어떤 것이었을까?

애굽은 그리스도를 영접하지 아니한 때, 즉 신앙이 없이 살았던 세상에 대한 상징이다. 하지만 광야는 그리스도를 영접한 자들의 세상 여정에 대한 상징이다.

한편 '만나'는 광야 생활 중 이스라엘의 주식으로(출 16:15) 하늘에서 내려온 최상의 음식이었다. 그런데도 본문에서 이스라엘 자손은 구원받은 자들에게 제시된 광야의 음식을 거부하고 바로의 종, 즉 세상 종이 되어 애굽에서 먹었던 음식을 더 선호했다, 즉 이스라엘 자손이 입맛에 익지 아니한 광야 음식을 싫어하고 입맛에 익은 애굽 음식을 먹겠다고 한 것이다. 이는 그리스도의 대속을 믿는 성도들이 구원받은 자의 삶이 아닌 세속적인 삶의 문화를 버리지 않겠다고 고집하고, 불신자의 모습을 그대로 유지하면서 주의 백성의 이름만을 탐내는 것과 같다.

따라서 우리는 성도의 마땅한 권리요, 의무인 구별된 삶을 위한 변화를 시도해야 할 것이다.

"이제는 우리의 기력이 다하여 이 만나 외에는 보이는 것이 아무 것도 없도다 하니 만나는 깟씨와 같고 모양은 진주와 같은 것이라 백성이 두루 다니며 그것을 거두어 맷돌에 갈기도 하며 절구에 찧기도 하고 가마에 삶기도 하여 과자를 만들었으니 그 맛이 기름 섞은 과자 맛 같았더라 밤에 이슬이 진영에 내릴 때에 만나도 함께 내렸더라"

———————————————————————————————— 민 11:6-9

6-9절 음식과 신령한 음식의 차이

이스라엘 자손은 광야에서 만나와 메추라기 등을 먹었다. 그런데 사도 바울은 이스라엘 자손이 광야에서 먹었던 음식, 즉 만나를 가리켜 '신령한 음식이다'라고 했다(고전 10:3). 여기서 신령한 음식은 그리스도 자신과 하나님의 말씀이다. 그렇다면 음식과 신령한 음식의 차이는 어디에 있을까?

음식은 이 땅의 식물이다. 하지만 신령한 음식은 이 땅의 식물이 아니라 하나님께서 자기 백성을 위해 하늘에서 내려주신 유일한 영적인 식물이다. 그런데 땅의 식물이 공급되지 아니하면 자연적인 인간의 생명을 유지할 수 없듯이 하나님께서 자기 백성을 위해 하늘에서 만나를 공급하지 아니하면 영적인 생명을 유지할 수 없다. 그래서 금식하시며 공생애를 준비하신 그리스도께서 식물에 관련하여 마귀에게 시험을 받으실 때 말씀으로 대적하셨다.

"사람이 떡으로만 살 것이 아니요 하나님의 입으로부터 나오는 모든 말씀으로 살 것이라 하였느니라 하시니"(마 4:4).

한편 본문에서 하나님께서 광야에서 이스라엘 자손에게 내려 주신 신령한 만나는 그들의 육신의 삶까지도 유지할 수 능력이 되었다.

따라서 하나님께서 신령한 양식, 즉 주의 구원을 믿는 자들에게 일용할 양식을 책임져 주신다는 사실을 믿는 우리는 육신을 위한 것을 구하기에 앞서 먼저 하나님의 나라와 의를 구하는 자들이 되어야 할 것이다.

"이제는 우리의 기력이 다하여 이 만나 외에는 보이는 것이 아무 것도 없도다 하니 만나는 깟씨와 같고 모양은 진주와 같은 것이라 백성이 두루 다니며 그것을 거두어 맷돌에 갈기도 하며 절구에 찧기도 하고 가마에 삶기도 하여 과자를 만들었으니 그 맛이 기름 섞은 과자 맛 같았더라 밤에 이슬이 진영에 내릴 때에 만나도 함께 내렸더라"

— 민 11:6-9

6-9절 오직 하나의 만나

출애굽 하여 광야로 인도함을 받은 이스라엘 자손은 본문 6절 하반절에서 "이 만나 외에는 보이는 것이 아무것도 없다"라고 하며 불평했지만, 만나가 존재하지 아니했다면 백성이 생명을 부지할 수 없었다.

특히 '이 만나 외에는'이란 복음에 큰 의미가 있다. 그렇다면 '이 만나 외에는', 즉 오직 하나의 만나에서 상징된 복음의 뜻은 무엇일까?

> 오직 하나의 만나는 인류의 대속을 이루신 오직 한 분이신 그리스도에 대한 상징이다. 특히 오직 하나의 만나는 하나님의 독생자 그리스도 외 그 누구도 인류에게 구원을 줄 수 없음과 그리스도만 인류의 구원과 생명 유지를 위한 떡이 된다는 사실에 대한 암시이다(행 4:12).
>
> 따라서 구원받은 우리는 사조와 이념을 탈피하여 오직 그리스도 안에서, 오직 그리스도의 말씀만을 좇아야 할 것이다.

"이제는 우리의 기력이 다하여 이 만나 외에는 보이는 것이 아무 것도 없도다 하니 만나는 깟씨와 같고 모양은 진주와 같은 것이라 백성이 두루 다니며 그것을 거두어 맷돌에 갈기도 하며 절구에 찧기도 하고 가마에 삶기도 하여 과자를 만들었으니 그 맛이 기름 섞은 과자 맛 같았더라 밤에 이슬이 진영에 내릴 때에 만나도 함께 내렸더라"

─────────────────────────── 민 11:6-9

6-9절　만나와 그리스도의 은혜

본문에서 만나는 신약시대에 인류의 구원을 위해 성육신하신 그리스도에 대한 예표이다(요 6:31-35). 그런데 광야에서 이스라엘 자손의 주식이었던 만나는 주의 대속을 믿는 성도에게 베풀어진 은혜와 관련이 있다. 그렇다면 이스라엘 자손을 위한 만나와 성도를 위한 그리스도의 은혜는 어떻게 상호 관련하여 나타날까?

하나님께서 이스라엘 자손에게 땅의 산물이 아닌 하늘의 산물, 즉 만나로서 생명을 유지하게 하셨듯이 인류의 구원을 위해 땅의 산물이 아닌 하늘의 산물, 즉 하나님의 독생자를 세상에 보내시어 인류의 구원을 위한 대속 제물이 되게 하셨다.

또 만나가 이스라엘 자손에게 값없이 주신 하나님의 은혜의 산물이었듯이 그리스도는 주의 대속을 믿는 자들에게 값없이 주신 하나님의 은혜의 산물이다(롬 5:17; 엡 2:8).

또 만나가 이스라엘 자손이 날마다 먹을 수 있는 하나님의 은혜의 산물이었듯이 주의 은혜는 날마다 성도에게 공급된다.

또 만나가 이스라엘 전체에 그 필요를 채워주셨듯이 그리스도께서는 모든 인간의 필요를 채워주신다.

한편 만나를 내려주신 분은 하나님이시지만 만나를 거두는 자는 인간이다. 만나를 거두는 자는 하늘의 신령한 은택을 수용하는 자의 상징이고, 거두지 아니한 자는 그 은택을 수용하지 아니하는 자의 상징이다. 이는 하나님께 대한 인간의 자세와 하나님의 은혜의 산물이 상호 관련이 있음을 시사한다.

따라서 우리가 신앙생활에서 승리하고 주께 영광을 돌리고자 한다면, 광야에서 이스라엘 자손이 신령한 양식을 거두었듯이 이미 이 세상에 생명의 떡으로 오신 그리스도와 그리스도로부터 오는 모든 은혜를 사모하고, 열정을 다해 구해야 할 것이다.

"백성의 온 종족들이 각기 자기 장막 문에서 우는 것을 모세가 들으니라 이러므로 여호와의 진노가 심히 크고 모세도 기뻐하지 아니하여 모세가 여호와께 여짜오되 어찌하여 주께서 종을 괴롭게 하시나이까 어찌하여 내게 주의 목전에서 은혜를 입게 아니하시고 이 모든 백성을 내게 맡기사 내가 그 짐을 지게 하시나이까 이 모든 백성을 내가 배었나이까 내가 그들을 낳았나이까 어찌 주께서 내게 양육하는 아버지가 젖 먹는 아이를 품듯 그들을 품에 품고 주께서 그들의 열조에게 맹세하신 땅으로 가라 하시나이까 이 모든 백성에게 줄 고기를 내가 어디서 얻으리이까 그들이 나를 향하여 울며 이르되 우리에게 고기를 주어 먹게 하라 하온즉 책임이 심히 중하여 나 혼자는 이 모든 백성을 감당할 수 없나이다 주께서 내게 이같이 행하실진대 구하옵나니 내게 은혜를 베푸사 즉시 나를 죽여 내가 고난 당함을 내가 보지 않게 하옵소서"

― 민 11:10-15

10-15절   신앙으로 승화하지 못한 것

모세는 본문 10-12절에서 모든 백성의 책임을 홀로 감당할 수가 없다고 토로한다. 13절에서 모세는 이스라엘 자손이 제기한 식물의 문제, 즉 고기를 줄 수 없다고 호소한다. 특히 14절에서 모세는 자신의 통솔력 부재로 인해 백성이 하나님을 원망한다고 판단했다. 그래서 그는 15절에서 백성을 인도하는 지도자로서 능력의 부재를 절감하고, 괴로워하며, 차라리 죽기를 소원한다. 하지만 여기에는 모세의 온전한 신앙이 아닌 인간의 한계를 극복하지 못한 모세의 연약한 심리적인 갈등이 잘 드러나 있다. 그렇다면 본문에서 모세가 신앙으로 승화하지 못해 갈등한 부분은 무엇일까?

하나님께서 모세에게 이스라엘을 인도할 것을 명하셨다. 하지만 하나님께서는 모세에게 이스라엘 자손의 문제까지도 책임지라고 하지 아니하셨다. 백성의 문제는 하나님께서 친히 간섭하실 것이다. 하늘에서 만나를 내려주신 것처럼 백성이 제기한 고기까지도 공급해 주실 것이다. 그래서 모세가 문제를 해결할 수 없다고 해서 죽기를 소원한 것은 문제를 신앙으로 승화하지 못한 불신앙이다.

따라서 우리는 직분을 막론하고 인간인 까닭에 항상 한계 상황에 직면할 수 있음을 전제하고 기도하며 문제를 신앙으로 승화할 수 있어야 할 것이다.

"여호와께서 모세에게 이르시되 이스라엘 노인 중에 네가 알기로 백성의 장로와 지도자가 될 만한 자 칠십 명을 모아 내게 데리고 와 회막에 이르러 거기서 너와 함께 서게 하라"

———————————————————————————— 민 11:16

16절　하나님께서 사용하시는 합당한 교회 일꾼

모세는 백성을 인도하는 과정에서 여러 문제를 만났다. 특히 문제를 제기하며 원망하는 백성의 문제를 해결할 수 없었던 모세는 11절에서 백성을 인도하는 사명에 대한 중압감을 느끼고, "이 모든 백성을 내게 맡기사 내가 그 짐을 지게 하시나이까"라고 한다.

한편 본문에서 하나님께서는 모세를 도와 백성을 위해 사역할 자, 즉 백성의 장로와 지도자가 될 만한 자 70명을 선발하게 하셨다. 그런데 본문에서는 선발의 전제에 대해 밝히셨다. 그렇다면 누가 일꾼의 선발에 합당했을까?

> 하나님께서는 홀로 백성의 짐을 질 수 없다고 기도한 모세에게 70명의 일꾼을 선발하게 하셨다. 하지만 하나님께서는 친히 일꾼을 선발하지 아니하시고, 노인 중에 '네가 알기로'에서 밝혔듯이 모세가 인정한 자를 일꾼으로 선발하도록 하셨다.
>
> 따라서 교회 일꾼은 하나님께서 인정하시기에 앞서 담임 목회자에게 인정받는 자라야 한다.

"여호와께서 모세에게 이르시되 이스라엘 노인 중에 네가 알기로 백성의 장로와 지도자가 될 만한 자 칠십 명을 모아 내게 데리고 와 회막에 이르러 거기서 너와 함께 서게 하라 내가 강림하여 거기서 너와 말하고 네게 임한 영을 그들에게도 임하게 하리니 그들이 너와 함께 백성의 짐을 담당하고 너 혼자 담당하지 아니하리라"
—————————————————————— 민 11:16-17

16-17절 70인 일꾼들에게 성령이 임하게 하신 연유

모세는 백성의 인도에 대한 사역에 큰 부담을 느낀 나머지 하나님께 어려움을 토로했다. 여기에 하나님께서는 모세를 돕는 자, 즉 모세에게 인정받는 자 70인을 일꾼으로 발탁하게 하셨다. 그런데 하나님께서는 본문 17절 중반절에서 "네게 임한 영을 그들에게도 임하게 하리니"라고 말씀하셨다. 여기서 '영'이란 성령을 가리킨다. 그렇다면 하나님께서 70인 일꾼들에게 성령이 임하게 하신 연유는 어디에 있을까?

백성에 대한 인도와 모든 사역은 인본주의, 즉 인간의 방법으로 감당할 수 없다. 더욱이 하나님의 나라는 질서 정연한 나라다. 그래서 하나님께서는 70인 일꾼들에게 성령을 부어주시기에 앞서 그들 앞에서 모세와 말씀하시는 광경을 보게 하시므로 그들에게 모세의 권위를 일깨워 주셨다. 또 하나님께서는 70인 일꾼들에게 성령을 부어주시므로 모세를 돕는 그들의 사역이 인간의 지식과 지혜가 아닌 오직 성령의 능력만이 모세를 돕는 사역에 합당하다는 사실을 일깨워 주셨다.

따라서 우리는 하나님께서 일꾼들에게 성령으로 역사하신다는 사실을 인정하고, 문제 가운데서 더욱 성령을 의지하여 기도할 수 있어야 할 것이다.

> "또 백성에게 이르기를 너희의 몸을 거룩히 하여 내일 고기 먹기를
> 기다리라 너희가 울며 이르기를 누가 우리에게 고기를 주어 먹게
> 하랴 애굽에 있을 때가 우리에게 좋았다 하는 말이 여호와께 들렸
> 으므로 여호와께서 너희에게 고기를 주어 먹게 하실 것이라"
>
> —————————————————————————— 민 11:18

18절   13절과 본문의 차이

모세는 13절에서 고기를 달라고 원망하며 울고 보채는 백성에게 "이
모든 백성에게 줄 고기를 내가 어디서 얻으리이까"라고 하며 기도한
바 있다. 그렇지만 본문에서 모세는 본문 18절 상반절에서 "또 백성에
게 이르기를 너희의 몸을 거룩히 하여 내일 고기 먹기를 기다리라"라
고 했다. 그렇다면 내용상 13절과 본문 차이는 어디에서 연유할까?

> 본장 13절에 나타난 모세의 기도는 무능한 인간의 현실이고,
> 본문에서 고기에 대한 약속은 모세가 기도한 결과 하나님께서
> 약속하신 능력의 산물이다.
>
> 따라서 우리는 인간의 힘으로 감당할 수 없는 현실의 문제가
> 얼마든지 주의 뜻 안에서 해소될 수 있음을 믿고, 기도하는 자
> 들이 되어야 할 것이다.

"또 백성에게 이르기를 너희의 몸을 거룩히 하여 내일 고기 먹기를 기다리라 너희가 울며 이르기를 누가 우리에게 고기를 주어 먹게 하랴 애굽에 있을 때가 우리에게 좋았다 하는 말이 여호와께 들렸으므로 여호와께서 너희에게 고기를 주어 먹게 하실 것이라 하루나 이틀이나 닷새나 열흘이나 스무 날만 먹을 뿐 아니라 냄새도 싫어하기까지 한 달 동안 먹게 하시리니 이는 너희가 너희 중에 계시는 여호와를 멸시하고 그 앞에서 울며 이르기를 우리가 어찌하여 애굽에서 나왔던가 함이라 하라"

—— 민 11:18-20

18-20절 "너희 몸을 거룩히 하여"

하나님께서 자기 백성의 양식을 위해서 만나를 예비하시고 날마다 그것들을 공급해 주셨다. 특히 안식일에 노동을 금하신 하나님께서는 안식일 전날에 안식일에 만나를 거두지 아니해도 먹을 만큼 갑절의 만나를 거두게 하셨다. 하지만 백성이 울며 보채는 고기는 하나님께서 백성을 위해 예비한 음식이 아니었다.

한편 하나님께서는 인간의 생사화복을 주관하신다. 특히 사랑과 공의를 행하시는 하나님께서는 한량없이 인자하기도 하시지만 공의, 즉 죄에 대해 맹렬하게 심판을 행하시므로 백성이 진리의 절대성을 깨닫고 하나님의 선하신 의도를 수용하게 하신다. 그런데 본문 18절 상반절에서 백성에게 고기 먹기를 기다리라고 하신 하나님께서는 "너희 몸을 거룩히"하고 고기 먹기를 기다리라고 하신다. 여기서 '너희 몸을 거룩히 하여'란 목욕하고 옷을 갈아입는 행위를 가리키는 것으로, 이는 백성이 거룩하신 하나님을 만나기 위한 제의적인 행동을 가리킨다

(출 8:6-7; 19:10-15). 그렇다면 하나님께서는 어떠한 연유에서 고기 먹기를 기다리는 백성에게 제의적인 행동을 하게 하셨을까?

이스라엘 자손은 분명 애굽에서 먹었던 고기반찬을 소원했다. 하지만 하나님께서는 백성이 소원한 고기반찬에 대해 부정적이셨다. 그런데도 하나님께서는 놀라운 능력으로 백성이 "냄새도 싫어하기까지 한 달 동안 고기를 먹게 하겠다"라고 약속하셨다 (20절 상반절).

한편 하나님께서는 제의적인 상황에서 중요한 일들을 다루신다. 약속이라든지 징계라든지 축복 등을 다루시며 하나님의 뜻을 공식화하시고, 순종과 불순종의 결과를 통해서 백성을 깨우치셨다. 그런데 이스라엘 자손이 애굽에서 식용했던 고기를 식용하겠다고 고집했다. 그렇지만 이는 하나님께서 애굽에서 노예로 전락한 그들을 구원하시기 위해 지불하신 희생을 잊어버린 불신앙의 행태이다. 즉 하나님께서는 당신의 백성을 애굽에서 구원하여 출애굽의 은혜를 주시고, 또 애굽의 바로가 항복하기까지 그리스도의 모형인 유월절 어린양이 백성의 죄를 지고 죽어갔다. 이 때문에 이스라엘 자손이 애굽의 음식을 그리워한다는 것은 출애굽 이전, 즉 구원받기 전의 삶을 그리워하는 것으로 백성의 구원을 위한 주의 대속을 멸시하는 행위가 된다.

더욱이 백성은 본문 20절 하반절에서 하나님께서 능력이 없어서 고기반찬을 주시지 아니한 것처럼 출애굽을 후회하고 슬퍼하며 "우리가 어찌하여 애굽에서 나왔던가"라고 하였다. 이 때문에 하나님께서는 능력을 행하시며, 백성이 고기반찬을 먹게 하시고, 또 그들이 고기반찬을 구하는 것이 불신앙이었음을 깨우치시고자 제의적인 행동을 하시며 "고기 먹기를 기다리라"라고 하신 것이다.

따라서 우리는 성령을 의지하여 가장 신속하게 주의 구원을 받기 전의 생활 문화를 청산하고. 하나님께서 성서를 통해서 제시하신 생활 문화를 좇아야 할 것이다.

"또 백성에게 이르기를 너희의 몸을 거룩히 하여 내일 고기 먹기를 기다리라 너희가 울며 이르기를 누가 우리에게 고기를 주어 먹게 하랴 애굽에 있을 때가 우리에게 좋았다 하는 말이 여호와께 들렸으므로 여호와께서 너희에게 고기를 주어 먹게 하실 것이라 하루나 이틀이나 닷새나 열흘이나 스무 날만 먹을 뿐 아니라 냄새도 싫어하기까지 한 달 동안 먹게 하시리니 이는 너희가 너희 중에 계시는 여호와를 멸시하고 그 앞에서 울며 이르기를 우리가 어찌하여 애굽에서 나왔던가 함이라 하라"

— 민 11:18-20

18-20절 만나와 고기의 상징 및 일용할 양식의 만나

하나님께서는 광야를 지나는 자기 백성에게 만나를 예비하시고 그것들이 백성을 위한 양식이 되게 하셨다. 하지만 고기반찬은 하나님께서 예비한 것이 아니라 백성이 소망한 것으로, 하나님께서는 고기 냄새를 싫어하기까지 한 달 동안 그것들을 공급하겠다고 약속하신다. 그런데 여기에는 백성의 구원과 또 구원받은 자의 삶과 관련된 영적인 의도가 있다. 그렇다면 만나와 고기는 각각 무엇을 상징할까? 또 하나님께서 어떠한 연유에서 고기반찬은 한시적으로 싫증 나기까지 먹게 하시고, 만나는 광야를 지나는 동안 일용할 양식으로 먹게 하시는 것일까?

'만나'란 하나님께서 하늘에서 내려 준 것으로, 성도의 신령한 양식이 되어 주신 그리스도와 그 말씀의 상징이다(요 6:53-58). '고기'란 본장 5절에서 이스라엘 자손이 열거한 음식으로 백성이 애굽에서 먹었던 음식에 대한 상징이다.

한편 본문에서 문제가 된 음식은 단순한 음식이 아니라 정신과 생활 문화에 대한 상징이다. 즉 '만나'란 사람을 살리는 것으로 그리스도의 대속을 믿는 것과 또 믿는 자들의 신앙이 성장하고 유지되고 새롭게 하는 말씀의 능력이다. 하지만 '고기'란 영생의 은혜 가운데 있는 자들이 생명이 없는 세상을 버리지 못한 것과 같고, 또 주의 대속을 믿는 자들이 영원한 가치보다 한시적인 육신의 가치를 더 소중하게 여기는 것과 같다.

특히 이스라엘 자손의 출애굽은 전적으로 주의 대속의 상징인 유월절 양의 희생으로 이루어졌다. 즉 주의 대속의 은혜만이 영생을 가능하게 한다. 이 때문에 하나님께서 주의 구원과 관련이 없고 불신앙의 상징인 고기반찬을 예비하지 아니하셨고, 단지 백성을 깨우치시기 위해 한시적으로 능력을 나타내신 것뿐이다. 아무튼 고기 반찬, 즉 세속문화의 결국은 하나님의 징계를 부르는 저주가 된다.

따라서 주의 대속 받은 우리는 생명의 은혜와 말씀의 능력으로 복된 삶을 저버리게 하는 세속문화를 배격해야 한다.

"모세가 이르되 나와 함께 있는 이 백성의 보행자가 육십만 명이온데 주의 말씀이 한 달 동안 고기를 주어 먹게 하겠다 하시오니 그들을 위하여 양 떼와 소 떼를 잡은들 족하오며 바다의 모든 고기를 모은들 족하오리이까 여호와께서 모세에게 이르시되 여호와의 손이 짧으냐 네가 이제 내 말이 네게 응하는 여부를 보리라"

———————————————————— 민 11:21-23

21-23절 '보행자'가 가리키는 대상과 고기를 식용할 이스라엘 전체 인구

한 달 동안 백성이 식용할 수 있는 고기를 약속받은 모세는 다시 하나님께 많은 백성의 수를 말씀드린다. 특히 본문 21절 중반절에서 "백성의 보행자가 육십만 명이온데"라고 한다. 그렇다면 '보행자'란 누구를 가리키며, 고기를 식용할 이스라엘 전체인구는 대략 몇 명으로 추정할 수 있을까?

'보행자'란 싸움에 나갈 만한 20세 이상의 장정을 가리킨다. 이들은 정확히 603,550명이었다(1:46). 이를 기준으로 볼 때 어린이, 노약자, 여성 등을 고려한다면 2~3백만 명으로 추정된다. 이같이 하나님께서는 개인과 공동체를 먹이시고 입혀주신다.

따라서 우리는 신앙의 승리를 위해 자비로우시고 전능하신 하나님을 의존할 수 있어야 할 것이다.

"모세가 이르되 나와 함께 있는 이 백성의 보행자가 육십만 명이온
데 주의 말씀이 한 달 동안 고기를 주어 먹게 하겠다 하시오니 그
들을 위하여 양 떼와 소 떼를 잡은들 족하오며 바다의 모든 고기를
모은들 족하오리이까 여호와께서 모세에게 이르시되 여호와의 손
이 짧으냐 네가 이제 내 말이 네게 응하는 여부를 보리라"

— 민 11:21-23

21-23절　하나님의 능력의 상징

　　하나님께서는 모세에게 백성이 한 달 동안 식용할 수 있도록 고기
를 공급해 주시겠다고 약속하셨다. 하지만 모세는 백성의 수가 많은
것을 들어 과연 "백성이 한 달 동안 먹을 수 있는 고기 공급이 가능
하겠습니까?" 하고 여쭈었다. 이는 하나님께 대한 의심이라기보다 인
간이기 때문에 어찌할 수 없는 신앙의 한계로 보아야 할 것이다. 그
래서 하나님께서도 여쭙는 모세를 책망하지 아니하시고 어버이가 자
녀에게 가르치듯 하나님의 능력에 대해 분별하게 하신다. 그렇다면 본
문의 표기에서 하나님의 능력을 상징하는 묘사는 어떤 것일까?

하나님께서는 2-3백만 명으로 추정되는 이스라엘 자손에게 고기를 식용하게 하시겠다고 모세에게 약속하셨다. 그런데 하나님의 능력에 대한 인식이 부족한 모세는 본문 22절에서 "그들을 위하여 양 떼와 소 떼를 잡은들 족하오며 바다의 모든 고기를 모은들 족하오리이까"라고 한다.

하나님께서는 23절 말씀 중에서 초월적인 능력의 인지가 부족한 모세에게 "여호와의 손이 짧으냐 네가 이제 내 말이 네게 응하는 여부를 보리라"라고 하신다. 여기서 '손'은 힘 또는 활동을 상징한다. 그래서 하나님의 능력을 상징한 본문은 '여호와의 손이 짧으냐'란 말씀의 히브리 문학적 표현으로 '하나님의 능력이 부족하단 말이냐'란 뜻으로 전능하신 하나님께 대한 은유적인 표현이다.

따라서 전능하신 하나님을 믿는 우리는 당면한 문제 해결을 위해, 또 나라와 민족의 문제 해결을 위해 응답의 여부를 제한하지 말고. 기도할 수 있어야 할 것이다.

"모세가 나가서 여호와의 말씀을 백성에게 알리고 백성의 장로 칠십 인을 모아 장막에 둘러 세우매 여호와께서 구름 가운데 강림하사 모세에게 말씀하시고 그에게 임한 영을 칠십 장로에게도 임하게 하시니 영이 임하신 때에 그들이 예언을 하다가 다시는 하지 아니하였더라"

민 11:24-25

24-25절 칠십인 장로들에게 성령을 부어주신 연유

모세는 홀로 백성에 대한 짐을 지는 것이 버겁다고 토로한 바 있다(11절). 그래서 하나님께서는 모세를 도울 자, 칠십 명의 장로를 발탁하도록 하셨다.

한편 모세는 본문 24절 중반절 이하에서 하나님의 말씀을 따라 칠십 인의 장로들을 장막, 즉 성막에 둘러 세운다. 본문 25절 상반절-중반절에서 "여호와께서 구름 가운데 강림하사 모세에게 말씀하시고 그에게 임한 영을 칠십인 장로에게도 임하게" 하셨다. 여기서 그들, 즉 칠십인 장로들에게 임한 영은 성령을 뜻한다. 그렇다면 하나님께서 모세를 도울 장로들에게 성령을 부어주신 몇 가지 연유는 무엇일까?

하나님께서는 주의 종들에게 당신의 계획을 성취하도록 은혜를 주신다. 하지만 하나님의 일은 인간의 이성으로 분별할 수가 없고, 또 하나님의 일은 인간의 지혜로 감당할 수가 없다. 이 때문에 하나님께서는 종들이 맡기신 사명을 수행하도록, 또 성도들이 주의 섭리를 이룰 수 있도록 성령을 주신다.

특히 한 분이신 성령께서는 교회와 성도의 유익을 위해 다양하게 역사하시고, 또 하나님께 영광을 돌릴 수 있도록 일치를 이루신다(고전 12:4-7). 이 때문에 하나님께서는 모세를 도울 자, 즉 칠십 인의 장로들이 사명을 수행할 수 있는 능력을 위해 성령을 부어주셨을 뿐 아니라 불협화음을 내지 않고 통일된 사역을 수행할 수 있도록 성령을 부어주셨다.

따라서 주의 뜻을 이루고자 하는 자마다 성령 충만을 구해야 할 것이다.

"여호와께서 구름 가운데 강림하사 모세에게 말씀하시고 그에게
임한 영을 칠십 장로에게도 임하게 하시니 영이 임하신 때에 그들
이 예언을 하다가 다시는 하지 아니하였더라"

—— 민 11:25

25절　모세와 먼저 말씀하신 연유

구름 가운데 강림하신 하나님께서는 모세가 발탁한 칠십인 장로들
에게 성령을 부어주시기에 앞서 모세와 먼저 말씀하신다. 그렇다면 모
세와 먼저 말씀하신 연유는 무엇일까?

성령께서는 한 분이시다. 하지만 성령께서는 질서를 이루시며
다양성과 통일성을 이루시며 주의 계획을 성취하신다. 특히 하
나님께서는 모세를 성민 이스라엘의 수장으로 세워주셨다. 그런
데도 성령께서만 신령한 일을 감당할 수 있기 때문에 하나님께
서는 모세에게 임한 성령을 칠십인 장로들에게도 부어주셨다.

그렇지만 성령을 받은 칠십인 장로들이 모세에게 임한 성령
받은 일로 인해 그들도 모세와 동등하다고 잘못 생각할 수 있
다. 이 때문에 하나님께서는 칠십인 장로들이 모세를 돕는 자들
의 영적인 위치를 분명하게 인지할 수 있도록 장로들이 보는 앞
에서 모세와 말씀하신 것이다.

따라서 우리는 주의 종이나 또 주의 종을 돕는 일꾼 된 성도
들이나 역사하시는 성령은 한 분이시지만, 하나님께서 교회 질
서를 이루기 위해 권세를 세우셨고, 역사하는 능력이 다름을 인
정하고 질서를 따라 순종해야 할 것이다.

"그 기명된 자 중 엘닷이라 하는 자와 메닷이라 하는 자 두 사람이 진영에 머물고 장막에 나아가지 아니하였으나 그들에게도 영이 임하였으므로 진영에서 예언한지라 한 소년이 달려와서 모세에게 전하여 이르되 엘닷과 메닷이 진중에서 예언하나이다 하매 택한 자 중 한 사람 곧 모세를 섬기는 눈의 아들 여호수아가 말하여 이르되 내 주 모세여 그들을 말리소서 모세가 그에게 이르되 네가 나를 두고 시기하느냐 여호와께서 그의 영을 그의 모든 백성에게 주사 다 선지자가 되게 하시기를 원하노라 모세와 이스라엘 장로들이 진중으로 돌아왔더라"

— 민 11:26-30

26-30절 ┃ 징계를 기억해야 하는 연유

하나님께서는 모세를 돕도록 선택된 70인의 장로를 장막(회막)에 둘로 세우셨다. 그런데 70인 장로에게 성령을 부으셨다.

한편 어떤 연유에서인지 모르지만 선택되었음에도 장막에 나가지 않은 엘닷과 메닷이란 사람이 있었는데 그들은 장막에 나아가지 않았어도 성령이 임하여 예언하였다. 그렇다면 장막에 나아가지 않았던 엘닷과 메닷까지 성령이 임하신 의도는 어디에 있을까?

　　이스라엘 진영은 하나님의 현현을 볼 수 있는 중심지에서 멀리 떨어져 있었다. 그런데도 장막에 나가지 않은 엘닷과 메닷에게까지 성령이 임하셨다. 이는 신약시대에 나타날 성령의 보편성과 또 지명하신 일꾼에 대하여 성령을 부으시는 하나님의 주권적인 역사를 가리킨다.

　　따라서 하나님의 일꾼에게 역사하시는 성령의 능력을 믿는 우리는 주를 의지하여 사명을 감당하고, 항상 성령 충만을 위해 기도해야 할 것이다.

"그 기명된 자 중 엘닷이라 하는 자와 메닷이라 하는 자 두 사람이 진영에 머물고 장막에 나아가지 아니하였으나 그들에게도 영이 임하였으므로 진영에서 예언한지라 한 소년이 달려와서 모세에게 전하여 이르되 엘닷과 메닷이 진중에서 예언하나이다 하매 택한 자 중 한 사람 곧 모세를 섬기는 눈의 아들 여호수아가 말하여 이르되 내 주 모세여 그들을 말리소서 모세가 그에게 이르되 네가 나를 두고 시기하느냐 여호와께서 그의 영을 그의 모든 백성에게 주사 다 선지자가 되게 하시기를 원하노라 모세와 이스라엘 장로들이 진중으로 돌아왔더라"

―――――――――――――――――――――――――――― 민 11:26-30

이스라엘 진영이 장막에서 멀리 떨어져 있었음에도 그곳에 남아 있던 엘닷과 메닷이 신적 권능에 사로잡혀 예언한다. 이를 알게 된 여호수아가 본문 28절 하반절에서 "내 주 모세여 그들을 말리소서"라고 요청한다.

한편 당시 하나님의 권능의 수혜자와 치리권의 상징에 대한 백성의 이목은 모세에게 집중되어 있었다. 이 때문에 장막에 나오지 않았음에도 성령의 권능으로 예언하는 엘닷과 메닷은 이스라엘 공동체에 영적인 질서를 흔들 수 있는 사건이 될 수 있다. 그런데도 모세는 성령의 권능에 사로잡힌 엘닷과 메닷의 일을 뛰어넘어 성령의 역사가 모든 백성에게 충만히 부어지기를 소원하였다. 그렇다면 모세는 무엇을 인정하는 신앙을 가졌을까?

여호수아는 엘닷과 메닷이 신적 권능에 사로잡혀 예언하자, 그들이 모세의 치리 영역을 침해하는 것으로 간주하고, 그것을 중지하게 요청했다. 하지만 모세는 자신에 대한 절대성만을 고집하지 않고 보편적으로 역사하시는 성령의 능력을 인정했다. 특히 모세는 형식과 장소를 초월한 하나님의 주권적인 섭리를 인정했다.

따라서 우리는 초월적이고 폭넓은 성령의 역사를 인정할 줄 알아야 할 것이다.

"바람이 여호와에게서 나와 바다에서부터 메추라기를 몰아 진영 곁 이쪽 저쪽 곧 진영 사방으로 각기 하룻길 되는 지면 위 두 규빗쯤에 내리게 한지라 백성이 일어나 그 날 종일 종야와 그 이튿날 종일토록 메추라기를 모으니 적게 모은 자도 열 호멜이라 그들이 자기들을 위하여 진영 사면에 펴 두었더라 고기가 아직 이 사이에 있어 씹히기 전에 여호와께서 백성에게 대하여 진노하사 심히 큰 재앙으로 치셨으므로 그 곳 이름을 기브롯 핫다아와라 불렀으니 욕심을 낸 백성을 거기 장사함이었더라"

—————————————————————— 민 11:31-34

31-34절　백성을 재앙으로 치신 연유

하나님께서 백성에게 고기를 보내셨다. 즉, 초자연적인 바람을 사용하셔서 바다에서부터 메추라기를 몰아 진영 곁 이쪽저쪽 곧 진영 사방으로 각기 하룻길 되는 지면 위 두 규빗쯤에 내리게 하셨다. 여기서 하룻길은 32km이고, 1규빗은 45~46cm이다. 백성은 하루 종야와 이튿날 종일토록 사방에 가득한 메추라기를 거두었다. 하지만 하나님께서는 백성이 고기를 조리하여 이 사이에 있어 씹히기 전에 심히 큰 재앙으로 백성을 치셨다. 그렇다면 하나님께서는 어떠한 연유에서 메추라기를 보내주셨음에도 백성을 재앙으로 치셨을까?

이스라엘 백성은 6-7절에서 음식 문제로 인해 주 여호와를 원망하였다. 그들은 광야로 인도하신 하나님을 부정적 측면에서 바라보았고, 하나님의 사랑과 능력을 믿지 아니하여 단조로운 음식으로 인해 장막에서 울며 하나님을 원망했다.

한편 하나님께서는 축복의 측면이 아니라 백성의 원망과 탐심으로 인한 징계를 위해 백성에게 획기적인 고기를 보내셨다. 이 때문에 하나님께서는 징계를 위하여 그들의 만족을 채우신 후, 곧이어 큰 재앙으로 그들을 강타하셨다.

따라서 축복과 평강을 소망하는 우리는 삶 가운데서 성령의 능력으로 원망과 탐심이 일어나지 아니하도록 마음을 제어할 수 있어야 할 것이다.

> "그 곳 이름을 기브롯 핫다아와라 불렀으니 욕심을 낸 백성을 거기
> 장사함이었더라 백성이 기브롯 핫다아와에서 행진하여 하세롯에
> 이르러 거기 거하니라"
>
> —— 민 11:34-35

34-35절　지명을 사용하게 하신 의도

하나님께서는 큰 재앙, 즉 전염병으로 이스라엘 백성을 치셨고, 이 일로 많은 인명이 희생되었다. 그런데 하나님께서는 그곳 이름을 '욕망의 무덤'이란 뜻의 기브롯 핫다아라 칭하게 하셨다(33:16, 17; 출 16:13-20). 그렇다면 하나님께서는 무엇을 의도하고. 그곳을 '욕망의 무덤'이란 뜻의 지명을 사용하게 하셨을까?

이스라엘 자손이 욕망, 즉 정욕을 제어하지 아니했을 때 하나님을 원망하였고, 결국 그 원망이 심판을 자초하였다. 이 때문에 하나님께서는 백성이 파국으로 치닫게 하는 욕망을 제어할 수 있도록 경고하기 위하여 '욕망의 무덤'이란 뜻의 지명을 사용하게 하셨다.

따라서 우리는 복 받은 사례뿐만 아니라 징계받은 사례까지도 기억하여 죄를 범하지 아니하도록 경각심을 가져야 할 것이다.

12장
미리암과 아론의 도전

하나님께서는 성민 이스라엘에 이방인과 결혼을 금지하셨다. 하지만 이는 종교적인 타락을 방지하기 위한 일환으로, 그 자체가 절대적인 규례는 아니었다(출 34:16; 신 7:3, 4).

한편 본문에서 아론과 미리암은 구스 여자와 결혼한 모세를 비방한다. 비방의 근본 원인은 도덕적이나 영적인 것이 아니라 모세의 우월성에 대한 인간적인 시기에서 비롯되었다. 미리암의 시기심은 하나님의 주권을 업신여기는 데까지 발전하여 나병에 걸리는 징벌을 받는다. 그렇지만 미리암은 모세의 중보기도로 말미암아 나병에서 회복된다.

"모세가 구스 여자를 취하였더니 그 구스 여자를 취하였으므로 미리암과 아론이 모세를 비방하니라 그들이 이르되 여호와께서 모세와만 말씀하셨느냐 우리와도 말씀하지 아니하셨느냐 하매 여호와께서 이 말을 들으셨더라"

민 12:1-2

1-2절　모세를 대항한 미리암과 아론의 영적인 위치

　모세는 아내 십보라 사후에 구스 여자(북아프리카 에디오피아 여자)와 결혼한다. 하지만 미리암과 아론은 모세가 불법을 행한 것으로 판단하며, 이방 여인과 결혼한 모세를 비방한다.

　한편 모세의 결혼에 대한 미리암과 아론의 판단은 본문 2절과 같이 종교적인 측면을 빙자한 교만과 시기심이었다. 그런데 모세에 도전한 미리암과 아론의 교만과 시기심은 영적인 변별이 부족해서 발생하였다. 그렇다면 모세에 대항한 미리암과 아론의 영적인 위치는 모세와 무엇이 다를까?

　미리암은 여선지자로 이스라엘 여인들의 찬양대를 인도한 바 있고, 아론은 우림과 둠밈이 있는 흉패를 붙인 대제사장으로 일정 부분 하나님의 뜻을 대변했다. 하지만 하나님께서는 오직 모세만을 백성의 수장으로 세우셨고, 백성을 위한 중보적 위치와 권위를 주셨다. 이 때문에 본문 2절에서 미리암과 아론이 "여호와께서 모세와만 말씀하셨느냐 우리와도 말씀하지 아니하셨느냐"라고 모세를 대항한 것은 그들의 교만과 모세에 대한 시기심의 작용으로, 그들의 위치를 망각한 행위였다고 봐야 한다.

　따라서 우리는 교만과 대적으로 인한 불협화음이 영적인 위치를 도외시할 때 발생할 수 있다는 사실을 인지하고, 영적인 위치를 잘 지킬 수 있어야 할 것이다.

"모세가 구스 여자를 취하였더니 그 구스 여자를 취하였으므로 미리암과 아론이 모세를 비방하니라"

———————————————————————————— 민 12:1

1절   본문에 나타난 복음의 그림자

하나님께서는 성민 이스라엘에 이방인과 결혼을 금지하셨다. 하지만 이는 혈통과 관련한 문제라기보다 이방인이 신앙의 공동체에 들어와 우상숭배하는 잡다한 종교를 퍼뜨릴 것을 우려하여 정한 율법이었다(출 34:16; 신 7:3, 4).

한편 미리암과 아론은 이방 여인과 결혼한 모세를 비방하였지만 정작 이방인과 결혼을 금지한 하나님께서는 모세를 질타하지 아니하시고 오히려 미리암과 아론을 책망하셨다.

그런데 모세가 이방 여인과 결혼한 것은 그리스도의 대속으로 말미암은 구원, 즉 복음의 그림자가 나타나 있다. 그렇다면 본문에 나타난 복음의 그림자는 무엇을 뜻할까?

온 세상을 사랑하신 하나님께서는 그리스도를 통해서 온 세상을 구원하시고자 하셨다(요 3:16; 딤전 2:4). 이 때문에 본문에 나타난 복음의 그림자는 주의 구원이 이스라엘 자손이란 혈통으로 제한하지 않고, 본문의 시점에서 먼 훗날에 성취될 그리스도를 통한 온 세상의 구원을 뜻한다.

따라서 우리는 관계나 사건이나 역사가 복음의 물줄기를 향해 진행된다는 사실을 알아야 할 것이다.

"이 사람 모세는 온유함이 지면의 모든 사람보다 더하더라"

———————————————————————————— 민 12:3

3절　신약 성서에서 자신을 가리켜 '온유하다'라고 말한 자

하나님께서 오직 모세만을 백성의 수장으로 세우셨고, 모세에게만 백성을 위한 중보적 위치와 권위를 주셨다. 그런데도 모세는 미리암과 아론이 자신을 비방했을 때, 특권의식을 내세워 분노하거나 분쟁하지 아니하고 온유한 품성으로 상황을 참아냈다.

그런데 신약성서에는 죄인에게까지도 온유한 품성으로 권면하도록 실례를 가르치고, 또 자신을 가리켜 '온유하다'라고 말씀한 자가 있다. 그렇다면 신약성서에서 누가 자신을 가리켜 '온유하다'라고 말씀하였을까?

그리스도께서 자신을 가리켜 '온유하다'라고 말씀하셨다(마 11:29). 또 온유한 그리스도께서는 죄인을 정죄하기에 앞서 온유한 품성으로 권면하도록 하셨다(마 18:15-20). 그런데 주께서 죄인에 대해 진노하기에 앞서 온유한 품성으로 나타나신 것은 인간의 연약함을 체휼하신 까닭이기도 하다.

따라서 우리는 인류에게 온유를 나타내시기 위해 십자가에서 하나님의 진노를 감내하신 주께 감사하고 이웃을 용서하는 마음을 가져야 할 것이다.

"이 사람 모세는 온유함이 지면의 모든 사람보다 더하더라"

———————————————————— 민 12:3

3절　모세를 가리켜 '온유하다'라고 인정한 연유

'온유'란 연약한 마음, 즉 비겁하여 비굴한 것과 분명 다르다. 그런데 본문 3절에서는 온유함이 지면이 모든 사람보다 탁월한 모세의 인격에 대해 말한다. 그렇다면 하나님께서 모세를 가리켜 '온유하다'라고 인정한 연유는 어디에 있을까?

힘이 없는 자는 힘 있는 자 앞에서 비굴할 수 있다. 또 힘이 없는 자는 힘 있는 자 앞에서 정당한 것까지도 주장하지 못하고 소극적일 수 있다. 하지만 모세는 하나님께서 세우신 백성의 수장이요, 백성의 중보를 위한 사역자였다. 그런데도 그는 비방을 받는 것에 대한 정당성을 주장하지 아니하고 고충을 참아냈다.

따라서 우리는 힘이 있음에도, 때로는 정당함에도 온유한 품성을 나타낼 수 있어야 할 것이다.

"여호와께서 갑자기 모세와 아론과 미리암에게 이르시되 너희 세 사람은 회막으로 나아오라 하시니 그 세 사람이 나아가매 여호와께서 구름 기둥 가운데로부터 강림하사 장막 문에 서시고 아론과 미리암을 부르시는지라 그 두 사람이 나아가매"

— 민 12:4-5

4-5절　아론과 미리암을 따로 세우신 연유

하나님께서 본문 4절에서 모세와 아론과 미리암을 회막으로 나오게 하신다. 그리고 본문 5절에서 하나님께서는 모세를 비방한 아론과 미리암을 따로 세우신다. 그렇다면 하나님께서 무엇을 의도하고 아론과 미리암을 따로 세우셨을까?

하나님께서는 아론과 미리암의 행위가 정당하지 않았다는 사실을 모세 앞에서 인정하도록 의도하셨다. 또 하나님께서는 신앙의 공동체의 질서 유지를 위해 아론과 미리암 앞에서 주 하나님께서 직접 부여하신 모세의 권위를 인지시키고자 의도하셨다.

따라서 우리는 수용 가능한 것만이 '진리다'라고 단정하지 말고, 영적 권위에 순종하여 질서 있는 신앙생활을 해야 할 것이다.

"이르시되 내 말을 들으라 너희 중에 선지자가 있으면 나 여호와가 환상으로 나를 그에게 알리기도 하고 꿈으로 그와 말하기도 하거니와 내 종 모세와는 그렇지 아니하니 그는 내 온 집에 충성함이라 그와는 내가 대면하여 명백히 말하고 은밀한 말로 하지 아니하며 그는 또 여호와의 형상을 보거늘 너희가 어찌하여 내 종 모세 비방하기를 두려워하지 아니하느냐"

—— 민 12:6-8

6-8절　특별한 선지자의 지위와 충성을 인정받은 모세의 예표

미리암과 아론의 불평하는 말을 들으신 하나님께서는 즉시 모세와 아론 그리고 미리암을 회막 앞으로 나오게 하시고, 아론과 미리암을 따로 세우신다. 아론과 미리암을 따로 세우신 하나님께서는 모세가 선지자의 지위에 있어서 일반 선지자와 다르다는 점을 말씀하신다. 즉 일반 선지자들은 영감을 받았다 해도 이상이나 꿈 등을 통해서 하나님의 뜻을 전달받았지만 모세는 하나님으로부터 직접 말씀을 전달받은 자로 "특별한 은총의 사람이요, 선지자 중의 선지자"란 사실을 밝히신다.

또 본문 7절 말씀과 같이 하나님께서는 유일하게 인정하신 자 모세를 가리켜 "내 온 집에 충성된 자"라고 말씀하신다. 여기서 '온 집'이란 하나님의 나라의 왕국으로 간주되는 언약의 나라를 가리킨다. 이같이 모세를 직접 대면하시며 말씀해 주시고, 또 모세를 가리켜 "내 온 집에 충성된 자"라고 인정하신 하나님께서는 모세에 대한 아론과 미리암의 비방이 '온당하지 않다'라고 말씀하신다. 그렇다면 일반 선지자들과 구별되는 선지자의 지위와 충성을 인정받은 모세는 누구에 대한 예표일까?

모세의 선지자로서의 권위는 하나님께로부터 직접 온 것이며 또 하나님께서는 모세에게 직접 말씀하시고, 언약 백성 위에 그 지위를 높여주셨다. 그런데 하나님께로부터 직접 온 권위는 인류의 대속자 되신 예수 그리스도시다.

또 모세는 하나님의 온 집, 즉 주 하나님께서 통치하시는 언약 백성을 위해 하나님의 뜻을 좇아 충성했다. 그런데 예수 그리스도는 언약 백성을 위해 십자가에서 생명을 버리시기까지 여호와 하나님께 충성했다. 이 때문에 일반 선지자들과 구별되는 선지자의 지위와 충성을 인정받은 모세는 예수 그리스도의 예표다.

특히 하나님께서는 언약 백성 이스라엘 자손의 모든 문제를 모세에게 맡기셨다. 이러하듯 그리스도의 성령께서 언약 백성인 성도의 문제를 맡아 주관하시고 인도하신다.

따라서 우리는 그리스도에 대한 당신의 사랑을 나타내며 특별한 지위를 인정하신 하나님께서 제자들에게 주께 순종하라고 말씀하셨다는 사실을 인지하고 순종하는 신앙을 잃지 말아야 할 것이다(막 9:7-8).

"그와는 내가 대면하여 명백히 말하고 은밀한 말로 하지 아니하며
그는 또 여호와의 형상을 보거늘 너희가 어찌하여 내 종 모세 비방
하기를 두려워하지 아니하느냐"

—— 민 12:8

8절   모세가 대면한 하나님의 형상

하나님은 영이시다. 이 때문에 하나님은 외형적인 고유한 형상을
갖고 계시지 않다. 그렇지만 하나님께서는 모세에게 일반적인 계시의
방법으로 말씀하시지 않고 명백히 말씀하신다고 하시고 또 모세는 하
나님의 형상을 본다고 말씀하시며 모세에게 부여하신 특별한 지위를
역설하신다. 그렇다면 무엇을 가리켜 모세가 대면한 하나님의 형상이라
고 할까?

하나님께서 모세에게 일반적인 계시의 방법이 아닌 친밀하게
자유스럽게 대화하듯 말씀하셨다(출 33:11).

한편 영이신 하나님께서는 고유한 형상을 갖고 계시지 않는
다. 그렇지만 하나님께서는 모세와 대면하여 말씀하실 때 당신
의 영광의 구름 기둥으로 내려 위엄을 나타내셨다(출 33:9-11).

따라서 우리는 그리스도의 재림으로 완성되는 천국에서 주 하
나님의 본체, 즉 하나님의 얼굴을 목도할 때까지(계 22:4) 모세를
대면하여 말씀하실 때에 나타내신 영광을 상기하고, 기도하며
하나님과 교통할 수 있어야 한다.

"여호와께서 그들을 향하여 진노하시고 떠나시매 구름이 장막 위에서 떠나갔고 미리암은 나병에 걸려 눈과 같더라 아론이 미리암을 본즉 나병에 걸렸는지라"

———————————————————————— 민 12:9-10

9-10절 모세의 권위를 인정하지 아니한 미리암의 불신앙의 죄

하나님께서 모세를 대적하며 비방한 미리암을 징계하셨다는 것은 모세에 대한 대적이 하나님께 대한 대적으로 간주하셨기 때문이다.

한편 당시 나병은 하나님으로부터 저주받은 자들이 걸리는 질병으로 간주되었다. 그런데 하나님께서 미리암을 나병으로 징계하셨다. 그렇다면 미리암이 모세를 인정하지 아니한 불신앙의 죄는 무엇이었을까?

이스라엘 자손에 대한 모세의 영적인 위치와 권위는 하나님께서 부여한 것이다. 또 하나님께서는 일반 선지자들과 구별되는 모세의 특별한 선지자의 지위와 하나님께 대한 충성을 인정하셨다. 이 때문에 모세를 비방하고 대적한 미리암은 하나님의 주권을 인정하지 아니하는 불신앙의 죄를 범한 것이다.

한편 하나님께서는 시대를 막론하고 당신의 주권으로 천국의 모형인 교회 가운데 영적인 질서를 따라 일꾼을 세우신다.

따라서 우리는 하나님의 주권에 순종하여 교회에서 세운 질서를 존중하고 순종하는 아름다움이 있어야 할 것이다.

> "아론이 이에 모세에게 이르되 슬프도다 내 주여 우리가 어리석은
> 일을 하여 죄를 지었으나 청하건대 그 벌을 우리에게 돌리지 마소
> 서 그가 살이 반이나 썩어 모태로부터 죽어서 나온 자 같이 되지
> 않게 하소서"
>
> ───────────────────────── 민 12:11-12

11-12절 아론이 말한 '어리석은 일'

아론은 그의 누나 미리암이 하나님의 징계를 받아 나병에 걸리자,
모세에게 호소한다. 아론은 모세에게 죄인의 슬픔을 나타내며 "어리석
은 일을 하여 죄를 지었다"라고 한다. 또 그는 모세에게 "그 벌을 우
리에게 돌리지 마소서"라고 하고, 또 본문 12절에서 미리암이 용서받
아 나병의 징계에서 벗어나도록 중재기도를 소원한다. 그렇다면 아론
이 말한 '어리석은 일'이란 무엇을 가리킬까?

여기서 아론이 말한 '어리석은 일'이란 하나님께서 모세에게
허락하신 신적 권위를 인정하지 아니한 것을 가리킨다. 그래서
아론은 모세를 가리켜 '내 주여' 하며 허물을 뉘우치며, 겸허한
자세로 자신에 대한 관용과 미리암의 속죄를 위해 중재기도를
소원하였다.

따라서 우리는 영적인 질서, 즉 신적 권위를 무시하는 어리석
은 행동을 삼가야 할 것이다.

"모세가 여호와께 부르짖어 이르되 하나님이여 원하건대 그를 고
쳐 주옵소서"

———————————————————————————— 민 12:13

13절　죄인에 대한 그리스도인의 바람직한 태도

미리암은 모세가 이방인 여인과 결혼하였다 하여 아론과 함께 모세
를 비방하였다. 이는 이스라엘 공동체의 영적인 질서를 교란시키는
불신앙이었다.

한편 하나님께서는 이스라엘 공동체의 질서 유지를 위해 백성이 모
세의 권위를 새롭게 인지할 수 있도록 미리암을 나병으로 징계하셨
다. 이는 신앙의 공동체의 질서를 교란시킨 자로서 하나님의 정당한
징벌이었다. 그런데도 본문에서 모세는 미리암이 나병으로부터 자유
하게 기도하였고, 하나님과 백성의 중보자로서의 철저한 사명을 감당
한다. 그런데 중보자로서의 모세의 사명에서 죄인에 대한 주의 종들
과 성도들의 바람직한 태도가 암시되어 있다. 그렇다면 죄인에 대한
그리스도인의 바람직한 태도는 어떠해야 할까?

공의를 행하신 하나님께서는 반드시 불의에 대한 심판을 행하
신다. 하지만 그리스도인은 자신에게 악을 행한 자들이 하나님
이나 사람에 의해 지극히 정당한 처벌을 받는다고 하더라도 성
도들은 그 처벌을 기뻐해서는 안 된다(잠 24:17-18). 또 그리스도
인은 죄인들의 죄를 비난하기에 앞서 그들이 하나님께 용서를
받도록 회개와 개선을 위해 기도해야 한다(마 5:44; 눅 23:34; 행

7:60). 왜냐하면 하나님께서 인류의 대속자 그리스도를 이 세상에 보내심으로 말미암아 우리에 대한 사랑을 확증하셨기 때문이다(롬 5:8).

따라서 우리는 우리의 원수, 즉 죄인들의 심판을 주께 맡기고, 그들이 회개하고 개선되도록 기도해야 할 것이다.

"여호와께서 모세에게 이르시되 그의 아버지가 그의 얼굴에 침을 뱉었을지라도 그가 이레 동안 부끄러워하지 않겠느냐 그런즉 그를 진영 밖에 이레 동안 가두고 그 후에 들어오게 할지니라 하시니 이에 미리암이 진영 밖에 이레 동안 갇혀 있었고 백성은 그를 다시 들어오게 하기까지 행진하지 아니하다가 그 후에 백성이 하세롯을 떠나 바란 광야에 진을 치니라"

— 민 12:14-16

14-16절 긍정적인 측면에서 바라본 미리암 자신과 신앙의 공동체에 끼친 미리암의 징계

모세는 하나님의 징계로 나병에 걸린 미리암의 치료를 위해 중보기도를 한다. 모세의 기도를 들으신 하나님께서는 즉각 미리암에 대한 징계를 거두지 아니하시고, 완곡어법으로 아버지가 아들을 꾸짖는 수

욕의 기간 이레를 정하신 선에서 응답하신다. 이리하여 미리암은 진영 밖으로 추방되어 이레 동안 수치를 감당해야 했다. 그런데 미리암에 대한 징계의 조치는 교회 중직들에 대한 징계에 해당되는 것으로, 미리암이 일시적으로 부끄러움을 당한 것이지만 미리암 자신과 신앙의 공동체에 긍정적인 측면이 있다. 그렇다면 미리암의 징계의 결과 미리암 자신과 신앙의 공동체에 끼치는 긍정적인 측면은 무엇일까?

모세의 권위는 인간으로부터가 아닌 하나님으로부터 났다. 이 때문에 모세에 대한 미리암의 판단, 즉 비방은 하나님의 권위를 조롱하는 것으로, 교회 질서를 교란하는 중대한 범죄에 해당되는 것이다. 특히 미리암의 죄는 공적인 성격을 띠고 있다. 이 때문에 미리암은 공적인 처벌을 받아 진영 밖으로 추방되는 것은 너무나 당연하다(딤전 5:20).

한편 미리암의 징계는 "교회 질서를 교란하는 자는 지위고하를 막론하고 언약 백성에서 떨어질 수 있다"라고 경고한 사례다. 이리하여 미리암에게는 교만한 자신의 모습을 돌아볼 수 있도록 긍정적인 측면으로 작용하였고, 신앙의 공동체는 하나님께서 세우신 영적인 질서에 대한 순종이 곧 하나님께 대한 순종이 된다는 사실을 인지할 수 있도록 긍정적인 측면으로 작용하였다.

따라서 우리는 한시적으로 부끄럽게 되는 징계라는 측면이 우리의 엇나간 신앙을 바로 세울 수 있다는 사실을 인지하고 징계를 긍정적인 측면에서 수용할 수 있어야 할 것이다.

13장
열두 정탐꾼 파송

가나안 정복에 앞서 각 지파 중에서 지휘관 된 자 한 사람씩 12명의 정탐꾼이 40일 동안 그 땅의 형세를 살핀다. 열두 정탐꾼은 실사 끝에 상반된 보고를 한다. 여기에 백성은 긍정적인 보고보다 부정적인 보고에 동요하고, 결국 출애굽 제 이년에 입성할 수 있었던 가나안 땅은 백성의 불신앙으로 인해 입성이 좌절되고 만다.

> "여호와께서 모세에게 말씀하여 이르시되 사람을 보내어 내가 이스라엘 자손에게 주는 가나안 땅을 정탐하게 하되 그들의 조상의 가문 각 지파 중에서 지휘관 된 자 한 사람씩 보내라"
>
> —— 민 13:1-2

1-2절   가나안 땅의 정탐을 요청한 연유

하나님의 명령을 받은 모세는 가나안 땅의 정탐을 위해 각 지파 중에서 지휘관 된 자 한 사람씩 12명을 선발한다. 하지만 본문 말씀에 앞서 백성이 가나안 땅의 형세를 살피는 것은 하나님의 뜻이 아니었다(신명기 1:21-23). 그런데도 본문에서 하나님께서는 백성들의 간구를 허락하신다. 그렇다면 백성이 무엇 때문에 가나안 땅의 정탐을 요청하였을까?

> 이스라엘 자손은 하나님의 능력을 믿고 순종하기보다 미지의 세계, 즉 가나안 땅에 대한 두려움이 있었다. 그래서 그들은 순종이 아닌 인본주의 발로에서 그곳의 형세를 살피고자 하였다. 그 결과 그들은 기골이 장대한 가나안 원주민들을 발견하자 "그들이 우리보다 강하다"라고 하며 두려워하였다. 결국 그들이 하나님의 약속을 믿지 아니하였기 때문에(출 13:5, 11), 축복의 땅이 저주의 땅같이 보였다.
>
> 따라서 우리는 이성의 안목이 신앙을 훼방하는 원수가 된다는 사실을 인지하고, 신앙의 안목, 즉 말씀의 약속을 믿고 순종할 수 있어야 할 것이다.

"사람을 보내어 내가 이스라엘 자손에게 주는 가나안 땅을 정탐하게 하되 그들의 조상의 가문 각 지파 중에서 지휘관 된 자 한 사람씩 보내라"

— 민 13:2

2절 가나안 정벌이 무산되게 한 연유

출애굽한 이스라엘 백성이 3개월 만에 시내 광야에 도착한다(출 19:1). 이후 하나님께서는 모세에게 백성을 위한 율법, 즉 계명(도덕법), 율례(종교법), 법도(사회법) 등을 계시하신다. 백성은 시내 광야에서 계시를 따라 출애굽 1년 15일이 지났을 때, 성막 건립을 완공한다(출 40:2). 하나님의 영광의 구름이 성막 위에 나타나고, 하나님께서는 출애굽 제 이년에 영광의 구름으로 이스라엘 자손을 호렙 산으로부터 약속의 땅을 향해 진행하시고, 가네스 바네아까지 인도하신다.

한편 하나님께서는 이곳에서 모세에게 가나안 일곱 족속의 정벌에 대해 말씀하신다. 하지만 가나안 정벌에 대한 하나님의 계획이 수포로 돌아가고 만다. 특히 신명기 1:21-22에서는 본문에서 가나안 정벌이 무산된 발단의 연유를 보충하였다. 그렇다면 본문 2절에서 무엇이 가나안 정벌을 무산되게 하였을까?

본문 2절과 관련하여 신명기 1:21 중반절에서 하나님께서는 이스라엘 자손이 가나안 땅의 정벌의 수단으로 "너희에게 이르신 대로 올라가서 차지하라"라고 하셨다. 이는 인본주의의 산물이 아닌 신본주의의 산물로 가나안 땅을 정벌하라는 것이었다. 즉 기도하여 하나님의 지시를 따라 순종하라는 것이었다(수 8:1-2). 하지만 이스라엘 자손은 인본주의의 방식을 고집했고, 그들은 그들의 방식대로 그 땅을 정탐하였다. 그 결과 그들을 인도하시고 그들의 배후에서 역사하시는 전능하신 하나님을 믿지 아니하고, 기골이 장대한 가나안 원주민으로 인해 두려워하여 축복의 땅을 악평하고, 모세와 아론을 원망하였다. 결국 그들의 불신앙으로 인해 출애굽 제2년에 누리게 될 가나안의 복이 좌절되고, 이후 출애굽 40년까지 광야에서 연단의 세월을 지나게 되었다.

따라서 하나님을 기쁘시게 하며 복을 소망하는 우리는 주를 의지하여 인본주의를 배격하고 신본주의를 좇아야 할 것이다(고전 1:25).

"모세가 여호와의 명령을 따라 바란 광야에서 그들을 보냈으니 그들은 다 이스라엘 자손의 수령 된 사람이라 그들의 이름은 이러하니라 르우벤 지파에서는 삭굴의 아들 삼무아요 시므온 지파에서는 호리의 아들 사밧이요 유다 지파에서는 여분네의 아들 갈렙이요 잇사갈 지파에서는 요셉의 아들 이갈이요 에브라임 지파에서는 눈의 아들 호세아요 베냐민 지파에서는 라부의 아들 발디요 스불론 지파에서는 소디의 아들 갓디엘이요 요셉 지파 곧 므낫세 지파에서는 수시의 아들 갓디요 단 지파에서는 그말리의 아들 암미엘이요 아셀 지파에서는 미가엘의 아들 스둘이요 납달리 지파에서는 윌시의 아들 나비요 갓 지파에서는 마기의 아들 그우엘이니"

—————————————— 민 13:3-15

3-15절 신앙의 공동체 안에서 제기되는 가장 큰 문제와 중요한 것

모세는 가나안 땅의 정탐을 위해 각 지파 중에서 지휘관 한 사람씩을 선발한다. 그런데 그들은 이스라엘 12지파에서 공평하게 뽑힌 족장의 위치에 있는 인사들이었다. 하지만 12지파 지휘관들이 정탐을 마치고 돌아와서 유다 지파의 지휘관 여분네의 아들 갈렙과 에브라임 지파의 두령 여호수아만 가나안 땅에 대한 긍정적인 보고를 하고 (14:8), 나머지 10지파의 지휘관들은 그 땅에 대하여 부정적인 보고를 하여 백성이 약속의 땅을 두려워하게 하는 빌미를 제공한다.

한편 열두 지파의 지휘관들은 모든 지파의 일원보다 더욱 명성 있고 유능한 자들로 인정되어 선택받은 자들이었다. 그런데도 10지파의 지휘관들은 신앙의 공동체를 어지럽히며 해롭게 하였다. 이는 직분이 높은 자들이 경계해야 할 것과 신앙의 공동체 안에서 무엇이 가장 중요한지 시사점이 크다. 그렇다면 신앙의 공동체를 불안하게 하고 질서를 어지럽히는 가장 큰 요인은 무엇이며, 또 신앙의 공동체 안에서 가장 중요한 것은 무엇인가?

신앙의 공동체를 불안하게 하고, 질서를 어지럽히는 가장 큰 요인이 불신앙이고, 불순종이다. 또 신앙의 공동체 안에서 가장 중요한 것은 믿음이다. 이리하여 믿음과 순종이 불가분의 관계에 있어. 믿음이 있어야 순종할 수가 있고, 순종하는 자는 믿음이 있는 자들이다.

한편 믿음 없는 신앙생활은 불가능하다. 그래서 우리는 믿음 안에 있는지 스스로 시험하고, 자신을 확증할 수 있어야 한다(고후 13:5). 그런데 믿음은 하나님의 선물이다(엡 2:8).

따라서 우리는 항상 주께로부터 오는 믿음을 구하고, 진일보한 신앙생활을 위해 신앙이 새로워질 뿐만 아니라 큰 믿음을 구해야 할 것이다.

> "이는 모세가 땅을 정탐하러 보낸 자들의 이름이라 모세가 눈의 아
> 들 호세아를 여호수아라 불렀더라"
>
> —— 민 13:16

16절　여호수아의 이름에서 나타난 구체적인 의미

모세는 '구원'이란 이름의 뜻을 가진 호세아를 여호수아로 개명하여 불렀다. 그런데 여호수아의 이름은 '하나님은 구원이시다'라는 뜻으로, 언약 백성이 강조된다. 그러니까 '구원'이란 뜻의 호세아보다 '하나님은 구원이시다'라는 뜻의 여호수아가 더 구체적인 언약 백성의 은혜를 나타낸다. 그렇다면 여호수아의 이름의 뜻에서 나타난 구체적인 구원의 의미는 무엇일까?

여호수아의 이름의 뜻에서 나타난 구체적인 구원의 의미는 모든 것 중의 하나의 구원이 아닌 언약 백성의 뜻이 강조된 것으로, 출처가 분명한 하나님께로부터 오는 구원의 은혜를 가리킨다. 이는 하나님께서 여호수아에게 나타내실 구체적인 은혜에 대한 암시다. 즉 여호수아는 가나안을 정탐한 열두 지파 지휘관과는 달리 갈렙과 함께 가나안 땅에 대한 긍정적인 보고를 하였고, 그곳을 정복할 수 있다고 주장하였다. 특히 그는 모세 사후 언약 백성 이스라엘을 이끌고 약속의 땅으로 들어가서 하나님께로부터 오는 구원을 몸소 체험했다.

따라서 주 예수 그리스도를 믿음으로 언약 백성이 된 우리는 일생동안 하나님께로부터 오는 구속사적인 은혜에 의존하여 '하나님은 구원이시다'라고 고백할 수 있어야 할 것이다.

"이는 모세가 땅을 정탐하러 보낸 자들의 이름이라 모세가 눈의 아
들 호세아를 여호수아라 불렀더라"

―――――――――――――――――――――― 민 13:16

16절　구속사와 관련한 모세와 여호수아의 예표

　모세는 하나님으로부터 율법을 받은 장본인이다. 또 모세는 광야
사십 년 동안 이스라엘 자손을 다스렸고, 또 여호수아는 모세의 후계
자로, 모세 사후 자기 백성을 가나안 땅으로 인도하였다. 그렇다면 모
세와 여호수아는 구속사와 관련하여 각각 무엇을 예표할까?

　모세가 하나님께로부터 받은 율법은 인간의 안팎을 비추는 거
울과 같다. 그런데 완전하지 아니한 인간은 율법 앞에서 정죄된
다. 이 때문에 모세는 백성이 죄를 발견하게 하여 그리스도께로
인도하는 대속의 예표라면 여호수아는 천국의 상징인 가나안 땅
으로 백성을 인도하여 그곳을 정벌하고 기업을 분배했다는 점에
서 주의 대속을 믿는 자들에게 구원과 천국의 기업으로 인도하
시는 그리스도에 대한 예표다.

　한편 율법과 구원은 다 같이 인류에 대한 하나님의 사랑의 산
물이다. 왜냐하면 율법을 통해서 자신의 죄를 발견한 자만이 주
의 대속의 은혜 앞으로 나아가 회개하고, 구원을 받기 때문이다.

　따라서 우리는 구원받기 위해서 하나님의 말씀에 순종하는 것
이 아닌 구원받았기 때문에 주의 말씀에 순종하여 주의 은혜를
나타내야 할 것이다.

"모세가 가나안 땅을 정탐하러 그들을 보내며 이르되 너희는 네겝
길로 행하여 산지로 올라가서 그 땅이 어떠한지 정탐하라 곧 그 땅
거민이 강한지 약한지 많은지 적은지와 그들이 사는 땅이 좋은지
나쁜지와 사는 성읍이 진영인지 산성인지와 토지가 비옥한지 메마
른지 나무가 있는지 없는지를 탐지하라 담대하라 또 그 땅의 실과
를 가져오라 하니 그 때는 포도가 처음 익을 즈음이었더라"

—— 민 13:17-20

17-20절 하나님을 기쁘시게 하고 역사하는 능력의 전제

모세는 여호와께서 백성에게 이르신 대로 가나안을 정벌에 승리할
수 있다는 믿음이 분명했다(신 1:21). 하지만 이스라엘 자손은 하나님
의 명령을 따라 순종하는 것보다 그들의 방식대로 가나안 정벌을 준
비하고자 한다. 그래서 모세는 가나안 땅에 대한 백성의 궁금증 해소,
즉 그들의 만족을 위해 그들이 가장 합당하게 가나안 정벌을 준비할
수 있도록 그들이 제시한 것을 수용하여 가나안 땅을 탐지하도록 한
다. 이는 예수께서 자신의 부활을 믿지 못하는 도마에게 나타나셔서
십자가에서 못 박히신 자국과 창에 상하신 옆구리를 보이시며 도마의
의심과 불신앙을 해소해 주신 것과 같다(요 20:24-29). 그렇지만 주
하나께서 기뻐하시며 능력으로 역사하시는 측면과 인간의 연약함을
이해하시고 긍휼을 베푸시는 측면은 다르다. 그리하여 그리스도께서
는 도마에게 아쉬움을 나타내셨다. 그렇다면 하나님께 나아가는 자의
그 무엇이 하나님을 기쁘시게 하고 역사하는 능력이 되게 할까?

성도는 문제를 가지고 하나님께 나아간다. 그런데 하나님께 나아가는 자는 하나님을 기쁘시게 해야 하는데, 그 첫째가 하나님의 실존을 믿는 신앙이다. 그리고 하나님께 나아가는 자는 하나님께서 문제 해결의 보상, 즉 상을 주신다는 사실을 믿어야 한다(히 11:6). 이는 하나님의 전능하심을 믿는 것이다. 이 때문에 그리스도께서는 귀신들린 어린아이를 고쳐주고자 하실 때 아이의 아버지에게 믿음의 중요성에 대해 말씀해 주셨고, 아이의 아버지가 전능하신 주를 고백하자 즉시로 아이에게서 귀신이 떠났다(막 9:22-27).

따라서 우리는 하나님의 실존과 능력을 믿는 신앙을 가져야 할 것이다.

> "토지가 비옥한지 메마른지 나무가 있는지 없는지를 탐지하라 담대하라 또 그 땅의 실과를 가져오라 하니 그 때는 포도가 처음 익을 즈음이었더라"
>
> —— 민 13:20

20절 모세가 당부한 담대함

수목이 울창하고 과수가 있는 곳이라면 그곳의 토양은 비옥하다는 방증이 된다. 그래서 모세는 가나안 땅을 탐지하기 위해 발탁한 각 지파 지휘관들에게 나무가 있는지 없는지를 탐지하라고 하고, 때마침 포도 수확기에 접어들었기 때문에 그 땅의 실과를 가져오라고 한다.

또 모세는 가나안 땅의 탐지를 위해 선발한 지휘관들에게 "담대하라"라고 당부한다. 그렇다면 모세가 당부한 '담대함'이란 무엇을 이루기 위한 담대함일까?

> 동일한 상황에서 인간적인 판단과 신앙의 판단은 전혀 다를 수 있다. 이 때문에 모세는 가나안 땅의 탐지를 위해 선발한 각 지판의 지휘관들에게 가장 합리적인 지침과 함께 "담대하라"라고 하였다. 여기서 '담대함'이란 인간의 기질적인 용기가 아닌 신앙의 용기를 가리킨다. 이 때문에 '담대함'이란 부정적인 측면으로 판단되는 인간의 합리적인 생각을 초월하여 하나님의 뜻을 이루게 한다.
>
> 따라서 우리는 합리적인 생각보다 우위에 있는 신앙의 용기, 즉 세상을 이기신 주의 담대함이 있어 하나님의 뜻을 이루는 자들이 되어야 할 것이다(요 16:33).

"또 네겝으로 올라가서 헤브론에 이르렀으니 헤브론은 애굽 소안보다 칠 년 전에 세운 곳이라 그 곳에 아낙 자손 아히만과 세새와 달매가 있었더라 또 에스골 골짜기에 이르러 거기서 포도송이가 달린 가지를 베어 둘이 막대기에 꿰어 메고 또 석류와 무화과를 따니라 이스라엘 자손이 거기서 포도를 베었으므로 그 곳을 에스골 골짜기라 불렀더라"

민 13:22-24

 담대한 결단이 필요한 연유와 긍정적인 측면에서 확신할 수 있는 것

모세가 파송한 열두 지파 지휘관들이 헤브론에서 기골이 장대한 거인 족속이었던 아낙 자손을 보았다. 또 그들은 헤브론 북쪽 골짜기에서 두 사람의 장정이 들어야 할 정도로 큰 포도 한 송이를 베었다.

한편 본문에서는 담대함이 필요한 결단이 요청되고, 긍정의 측면에서 확신할 수 있는 그 무엇이 있다. 그렇다면 담대한 결단이 필요한 연유는 무엇이며, 긍정적인 측면에서 확신할 수 있는 것은 무엇일까?

열두 지파 지휘관들은 합리적인 정벌계획을 수립을 위해 가나안 땅을 탐지하게 되었다. 그런데 지휘관들이 기골이 장대한 거인 족속을 발견하였다. 이는 지휘관들이 두려움에 떨 수 있는 요인이 될 수 있다. 이 때문에 지휘관들에게 필요한 것은 합리적인 판단이 아닌 신앙의 용기, 즉 담대함이었다.

한편 두 사람의 장정이 들어야 할 정도로 풍성한 포도송이를 발견한 지휘관들은 아낙 자손으로 인해 두려운 상황만이 아니라 그 땅의 풍성함을 확신할 수 있었다. 이는 지휘관들이 아낙 자손이란 두려운 환경을 극복할 수 있는 신앙의 전제가 될 수 있다.

따라서 예수 그리스도를 통해서 풍성한 은혜를 깨달은 우리는 아낙 자손처럼 두려운 환경까지도 담대한 신앙으로 극복할 수 있어야 할 것이다.

"사십 일 동안 땅을 정탐하기를 마치고 돌아와 바란 광야 가데스에 이르러 모세와 아론과 이스라엘 자손의 온 회중에게 나아와 그들에게 보고하고 그 땅의 과일을 보이고 모세에게 말하여 이르되 당신이 우리를 보낸 땅에 간즉 과연 그 땅에 젖과 꿀이 흐르는데 이것은 그 땅의 과일이니이다 그러나 그 땅 거주민은 강하고 성읍은 견고하고 심히 클 뿐 아니라 거기서 아낙 자손을 보았으며 아말렉인은 남방 땅에 거주하고 헷인과 여부스인과 아모리인은 산지에 거주하고 가나안인은 해변과 요단 가에 거주하더이다"

———————————————————————— 민 13:25-29

25-29절　부정적인 보고를 하게 된 구절의 범위와 부정적인 보고의 연유

하룻길은 약 32km다. 그런데 이스라엘 열두 지파 지휘관들이 가나안 땅을 사십 일 동안 정탐했다. 이는 정탐이 상세하게 이루어졌음을 암시한다. 그런데도 본문에서 열두 지파의 지휘관 다수가 불신앙의 발로에서 염려하며 보고한다. 그렇다면 본문에서 지휘관 다수가 부정적인 보고를 한 구절의 범위와 부정적인 보고의 연유는 어디에 있을까?

가나안 땅을 탐지한 지휘관 다수가 부정적인 보고를 한 본문의 성경 구절은 28-29절이다. 그리고 다수의 지휘관의 부정적인 보고는 가나안 땅에 대한 하나님의 약속을 믿지 아니하고 기골이 장대한 가나안 원주민들을 보았기 때문이다. 결국 그들은 전능하신 하나님의 약속의 성취보다 보이는 두려운 환경을 극복하지 못한 나머지 부정적인 보고를 하였다.

따라서 우리는 전능하신 하나님의 능력의 역사가, 우리가 두려워하는 모든 것까지도 다스려 주시고, 승리하도록 인도해 주신다는 사실을 믿어야 할 것이다.

"갈렙이 모세 앞에서 백성을 조용하게 하고 이르되 우리가 곧 올라가서 그 땅을 취하자 능히 이기리라 하나 그와 함께 올라갔던 사람들은 이르되 우리는 능히 올라가서 그 백성을 치지 못하리라 그들은 우리보다 강하니라 하고 이스라엘 자손 앞에서 그 정탐한 땅을 악평하여 이르되 우리가 두루 다니며 정탐한 땅은 그 거주민을 삼키는 땅이요 거기서 본 모든 백성은 신장이 장대한 자들이며 거기서 네피림 후손인 아낙 자손의 거인들을 보았나니 우리는 스스로 보기에도 메뚜기 같으니 그들이 보기에도 그와 같았을 것이니라"

—— 민 13:30-33

30-33절 가나안 땅에 대한 열 지파 지휘관들의 두 가지 부정적인 견해

이스라엘의 신앙공동체 열두 지파 지휘관들이 사십일 동안 가나안 땅을 정탐하고 돌아와 의견이 갈린다. 눈의 아들 여호수아와 여분네의 아들 갈렙은 가나안 땅에 대한 긍정적인 보고를 했지만 나머지 열 지파의 지휘관들은 두 가지 측면에서 부정적인 보고를 하며, 그곳 거민들을 "치지 못한다"라고 했다. 그렇다면 열 지파 지휘관들이 그곳 거민들을 "치지 못한다"라고 단정한 두 가지 부정적인 견해는 무엇이었을까?

가나안 땅에 대한 열 지파 지휘관들의 첫 번째 부정적인 견해는 가나안 땅을 가리켜 "거주민들을 삼키는 땅이다"라고 한 것이다. 여기서 '삼키는 땅'이란 땅이 비옥하여 그곳을 차지하려는 세력들로, 전쟁이 끊이지 않을 것이기 때문에 이스라엘 자손에게 결코 축복의 땅이 아니란 뜻이다.

가나안 땅에 대한 열 지파 지휘관들의 두 번째 부정적인 견해는 이스라엘 자손이 네피림 후손인 아낙 자손의 거인들을 이길 수 없다는 것이다.

그런데 열 지파 지휘관들의 두 가지 부정적인 견해는 하나님의 약속을 도외시한 것으로, 불신앙의 견해를 가진 자들은 하나님의 징계로 말미암아 약속의 땅에 들어가지 못했다.

따라서 승리의 삶을 소망하는 우리는 마땅히 하나님의 뜻을 좇아야 할 것이다.

"갈렙이 모세 앞에서 백성을 조용하게 하고 이르되 우리가 곧 올라가서 그 땅을 취하자 능히 이기리라 하나 그와 함께 올라갔던 사람들은 이르되 우리는 능히 올라가서 그 백성을 치지 못하리라 그들은 우리보다 강하니라 하고 이스라엘 자손 앞에서 그 정탐한 땅을 악평하여 이르되 우리가 두루 다니며 정탐한 땅은 그 거주민을 삼키는 땅이요 거기서 본 모든 백성은 신장이 장대한 자들이며 거기서 네피림 후손인 아낙 자손의 거인들을 보았나니 우리는 스스로 보기에도 메뚜기 같으니 그들이 보기에도 그와 같았을 것이니라"

— 민 13:30-33

30-33절　긍정적인 견해와 부정적인 견해의 근거

　가나안 땅을 정탐하고 돌아온 이스라엘의 열두 지파 지휘관들은 크게 두 가지 견해를 가졌다. 눈의 아들 여호수아와 여분네의 아들 갈렙은 긍정적인 견해를, 나머지 열 지파 지휘관들은 부정적인 견해를 가졌다. 그렇다면 지휘관들이 무엇을 근거하여 긍정적인 견해와 부정적인 견해를 말하였을까?

　눈의 아들 여호수아와 여분네의 아들 갈렙은 하나님의 약속에 근거하여 긍정적인 견해를 말하였고(민 14:6-9), 열 지파의 지휘관들은 하나님의 약속을 도외시한 인간의 상식과 이성에 근거하여 부정적인 견해를 말하였다. 하지만 하나님께서는 인간의 상식과 이성에 근거한 것들을 이루시는 것이 아니라, 당신의 말씀, 즉 주의 뜻만을 성취하신다(사 55:10-11).

　따라서 우리는 하나님께서 성취하시도록 주의 뜻을 좇는 생활을 일관해야 할 것이다.

성서 이해와 적용

민수기 큐티 II

2025년 7월 6일 초판 발행

지은이 | 이미자
발행인 | 이양주, 박희진
펴낸곳 | 도서출판 들림

주　소 | 서울시 성북구 장월로3길12 세종주택 B동 403호
　　　　Tel (02) 912-5612

출판등록 제 307-2006-30호
ISBN 978-89-97013-70-8　　04230
　　　978-89-97013-68-5　　04230 (세트)　**정가 18,500원**